Webs Responsivas

Responsive Design con Bootstrap

Miguel A. Arias

ISBN: 978-1495492099

Índice de Contenidos

Nota del Autor

Esta publicación está destinada a proporcionar el material útil e informativo. Esta publicación no tiene la intención de conseguir que usted sea un maestro de las bases de datos, sino que consiga obtener un amplio conocimiento general de las bases de datos para que cuando tenga que tratar con estas, usted ya pueda conocer los conceptos y el funcionamiento de las mismas. No me hago responsable de los daños que puedan ocasionar el mal uso del código fuente y de la información que se muestra en este libro, siendo el único objetivo de este, la información y el estudio de las bases de datos en el ámbito informático. Antes de realizar ninguna prueba en un entorno real o de producción, realice las pertinentes pruebas en un entorno Beta o de prueba.

El autor y editor niegan específicamente toda responsabilidad por cualquier responsabilidad, pérdida, o riesgo, personal o de otra manera, en que se incurre como consecuencia, directa o indirectamente, del uso o aplicación de cualesquiera contenidos de este libro.

Todas y todos los nombres de productos mencionados en este libro son marcas comerciales de sus respectivos propietarios. Ninguno de estos propietarios han patrocinado el presente libro.
Procure leer siempre toda la documentación proporcionada por los fabricantes de software usar sus propios códigos fuente. El autor y el editor no se hacen responsables de las reclamaciones realizadas por los fabricantes.

Introducción

- Download

- Estructura de archivos

- Lo que está incluido

- Plantillas Básicas de HTML

- Ejemplos

Bootstrap es un enfoque de diseño web destinado a la elaboración de sitios web para proporcionar una visualización óptima para una experiencia de navegación fácil y con un mínimo de cambio de tamaño, paneo, y desplazamiento a través de una amplia gama de dispositivos (de los monitores de ordenador de escritorio al términal móviles).

Un sitio diseñado con bootstrap adapta su diseño a las condiciones de observación mediante el uso de fluidos, las proporciones basadas en cuadrículas, imágenes flexibles y CSS3 en los medios.

El concepto de red de fluido exige elementos de página de tamaño para estar en unidades relativas, como porcentajes, no en unidades absolutas como píxeles o puntos.

Las imágenes flexibles también están dimensionadas en unidades relativas, a fin de evitar que se muestren fuera de su elemento contenedor.

Las consultas de los medios de comunicación permiten a las páginas utilizar diferentes reglas del estilo CSS, basados en las características del dispositivo donde la página está siendo mostrada, más comúnmente la anchura del navegador.

Los componentes del lado del servidor (RESS) en conjunto con los del lado del cliente, como las consultas de los medios, pueden producir sitios con una carga más rápida para el acceso a través de redes de telefonía y también para entregar una funcionalidad y una capacidad de utilización más rica.

Download

Antes de descargar, verifique que tiene un editor de código (nosotros recomendamos el **Sublime Text 2**) y algunos conocimientos de HTML y CSS.

Estructura de archivos

Dentro de la descarga usted encontrará la siguiente estructura de archivos y sus contenidos, lógicamente agrupados por componentes comunes y proveyendo variaciones simplificadas y compiladas

Una vez hecha la descarga, descomprima el directorio comprimido para ver la estructura del **Bootstrap** (compilado). Usted verá algo así:

```
bootstrap/
├── css/
│    ├── bootstrap.css
│    ├── bootstrap.min.css
├── js/
│    ├── bootstrap.js
│    ├── bootstrap.min.js
└── img/
     ├── glyphicons-halflings.png
     └── glyphicons-halflings-white.png
```

Esto es de lo más básico del Bootstrap: archivos compilados para rápidamente ser usados en su proyecto web. Booststrap provee CSS y JS compilados (bootstrap.), así como un archivo JS y CSS compilado (bootstrap.min.). Los archivos de imágenes son comprimidos usando el **ImageOptim**, una aplicación Mac para comprimir **PNGs**.

Lo que está incluido

El Bootstrap viene equipado con HTML, CSS y JS para todo tipo de cosas, pero estos son indexados en una división de categorías útiles y visibles en el top de la documentación del Bootstrap.

Secciones de la documentación

Base del desarrollo

Son los estilos globales para el cuerpo para reiniciar la tipografía y el background.

CSS Base

Los estilos para elementos comunes de HTML como la tipografía, el código, las tablas, formularios y botones. También se incluye un **Glyphicons**, que es una gran colección de iconos

Componentes

Los estilos básicos para los componentes de interfaz comunes, como fichas y píldoras, barras de navegación, encabezados de página y mucho más.

Plugins Javascript

Son similares a los componentes, estos plugins javascript son componentes interativos para casos como **tooltips, popovers, modales**, y más.

Lista de componentes

Juntos, las secciones de Componentes y Plugins **Javascript** proveen de los siguientes elementos de interfaz

- Grupos de botones

- Dropdown de botones

- Fichas de navegación, píldoras, y listas

- Barra de navegación

- Labels (etiquetas)

- Badges

- Encabezados de página

- Imágenes en miniatura (thumbnails)

- Alertas

- Barra de progreso

- Modales

- Dropdowns

- Tooltip

- Popovers

- Acordeon

- Carousel

- Typehead

Plantillas Básicas de HTML

Con una breve profundidad en los contenidos, nosotros podemos centrarnos en el uso del Bootstrap. Para hacer esto, utilizamos la plantilla básica de HTML que incluye todo mencionando en la Estructura de archivos.

Ahora, aquí está una mirada en el **archivo HTML típico**

```
1.   <!DOCTYPE html>
2.   <html>
3.    <head>
4.     <title>Bootstrap 101 Template</title>
5.     <meta name="viewport" content="width=device-width, initial-scale=1.0">
6.    </head>
7.    <body>
8.     <h1>Hello, world!</h1>
9.     <script src="http://code.jquery.com/jquery.js"></script>
10.   </body>
11.  </html>
```

Para hacer esto en una plantilla **Bootstrap**, sólo incluya el css apropiado y el archivo

JS

```
1.   <!DOCTYPE html>
2.   <html>
3.     <head>
4.       <title>Bootstrap 101 Template</title>
5.       <meta name="viewport" content="width=device-width, initial-scale=1.0">
6.       <!-- Bootstrap -->
7.       <link href="css/bootstrap.min.css" rel="stylesheet" media="screen">
8.     </head>
9.     <body>
10.      <h1>Hello, world!</h1>
11.      <script src="http://code.jquery.com/jquery.js"></script>
12.      <script src="js/bootstrap.min.js"></script>
13.    </body>
14.  </html>
```

Ya usted tiene todo listo! con estos dos archivos añadidos, usted puede comenzar a desarrollar cualquier web o aplicación con el Bootstrap

Ejemplos

Vaya, además de la plantilla básica con pocos ejemplos de **layouts**. Nosotros fomentamos a las personas la iteración con estos ejemplos y no simplemente usarlos como resultado final

Web básica de marketing

Con la funcionalidad de una unidad héroe para mensajes primarios de tres elementos soportados

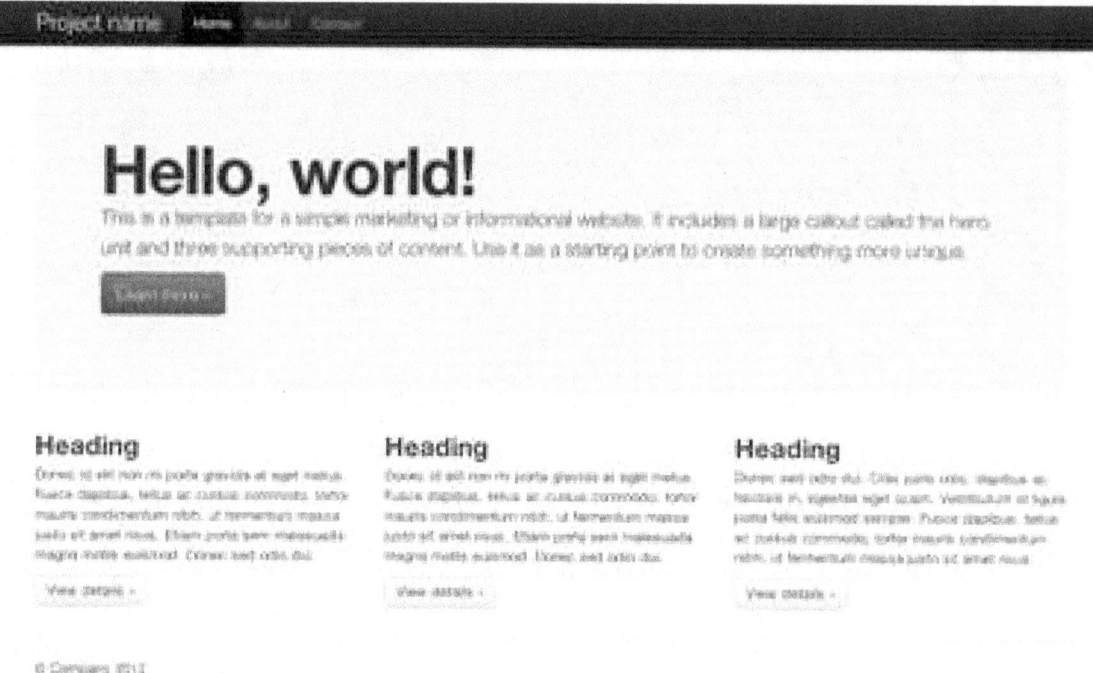

Layout fluido

Usado para nuestra nueva **responsive** web, el sistema de **grid** fluido crea un **layout** líquido con todo sentido

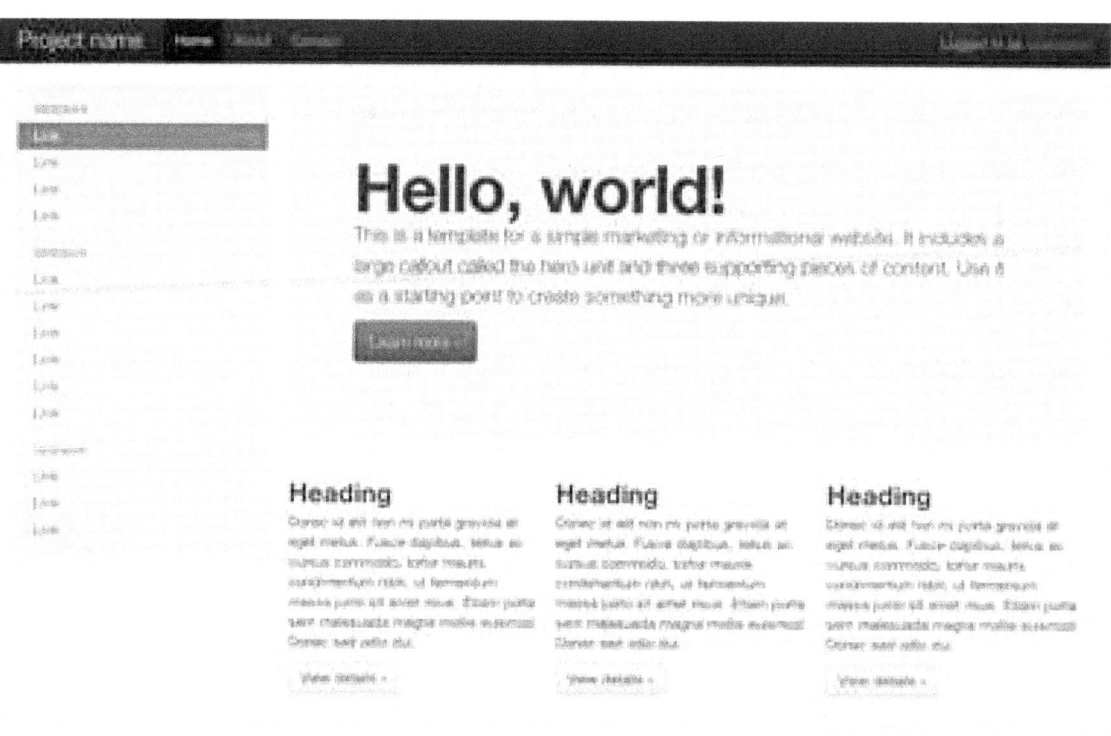

Modelo inicial

Un HTML en la raíz con todos los **CSSs** y **javascripts** incluidos

Marketing Estrecho

Plantilla delgada, ligera para la comercialización de pequeños proyectos o equipos.

Project name  Home   About   Contact

Super awesome marketing speak!

Cras justo odio, dapibus ac facilisis in, egestas eget quam. Fusce dapibus,
tellus ac cursus commodo, tortor mauris condimentum nibh, ut fermentum
massa justo sit amet risus.

Subheading

Donec id elit non mi porta gravida at eget metus.
Maecenas faucibus mollis interdum.

Subheading

Morbi leo risus, porta ac consectetur ac, vestibulum
at eros. Cras mattis consectetur purus sit amet
fermentum.

Subheading

Subheading

Donec id elit non mi porta gravida at eget metus.
Maecenas faucibus mollis interdum.

Subheading

Morbi leo risus, porta ac consectetur ac, vestibulum
at eros. Cras mattis consectetur purus sit amet
fermentum.

Subheading

NAV Justificado

Página de marketing con enlaces de navegación igual a la anchura en una barra de
navegación modificada.

| Home | Projects | Services | Downloads | About | Contact |

Marketing stuff!

Cras justo odio, dapibus ac facilisis in, egestas eget quam. Fusce dapibus, tellus ac cursus commodo, tortor mauris condimentum nibh, ut fermentum massa justo sit amet risus.

Get started today

Heading

Donec id elit non mi porta gravida at eget metus. Fusce dapibus, tellus ac cursus commodo, tortor mauris condimentum nibh, ut fermentum massa justo sit amet risus. Etiam porta sem malesuada magna mollis euismod. Donec sed odio dui.

View details »

Heading

Donec id elit non mi porta gravida at eget metus. Fusce dapibus, tellus ac cursus commodo, tortor mauris condimentum nibh, ut fermentum massa justo sit amet risus. Etiam porta sem malesuada magna mollis euismod. Donec sed odio dui.

View details »

Heading

Donec sed odio dui. Cras justo odio, dapibus ac facilisis in, egestas eget quam. Vestibulum id ligula porta felis euismod semper. Fusce dapibus, tellus ac cursus commodo, tortor mauris condimentum nibh, ut fermentum massa.

View details »

Log in

Página de Log in de usuarios.

Please sign in

Email address

Password

☐ Remember me

Sign in

Pie de Página Sticky

Fijar una determinada altura de pie de página en la parte inferior de la ventana gráfica del usuario.

Sticky footer

Pin a fixed-height footer to the bottom of the viewport in desktop browsers with this custom HTML and CSS.

Example courtesy Martin Bean and Ryan Fait.

Carrusel Jumbotron

Un riff más interactivo en el sitio de marketing de base con un carrusel prominente

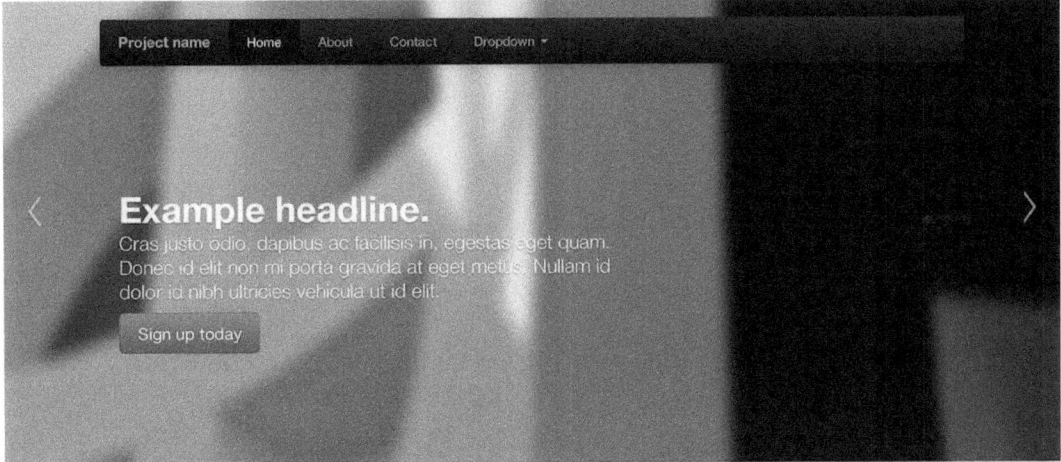

Project name   Home   About   Contact   Dropdown ▾

Example headline.

Cras justo odio, dapibus ac facilisis in, egestas eget quam.
Donec id elit non mi porta gravida at eget metus. Nullam id
dolor id nibh ultricies vehicula ut id elit.

Sign up today

Heading

Donec sed odio dui. Etiam porta sem
malesuada magna mollis euismod. Nullam
id dolor id nibh ultricies vehicula ut id elit.
Morbi leo risus, porta ac consectetur ac,
vestibulum at eros. Praesent commodo
cursus magna, vel scelerisque nisl
consectetur et.

View details »

Heading

Duis mollis, est non commodo luctus, nisi
erat porttitor ligula, eget lacinia odio sem
nec elit. Cras mattis consectetur purus sit
amet fermentum. Fusce dapibus, tellus ac
cursus commodo, tortor mauris
condimentum nibh, ut fermentum massa
justo sit amet risus.

View details »

Heading

Donec sed odio dui. Cras justo odio,
dapibus ac facilisis in, egestas eget quam.
Vestibulum id ligula porta felis euismod
semper. Fusce dapibus, tellus ac cursus
commodo, tortor mauris condimentum nibh,
ut fermentum massa justo sit amet risus.

View details »

Base del desarrollo

El Bootstrap es construido en un **grid responsivo** de 12 columnas, con **layouts** y **componentes**

- Estilos globales

- Sistema de Grid patrón

- Sistema de grid fluido

- Layouts

- Responsive Design

Estilos globales

Requiere el doctype de HTML5

El Bootstrap hace uso de ciertos elementos HTML y de propiedades CSS que requieren el uso del doctype de HTML5. Incluya en el inicio de sus proyectos

```
<!DOCTYPE html>
<html lang="en">
  ...
</html>
```

Tipografía y links

El Bootstrap usa estilos básicos de pantalla, tipografía, y estilos de link. Específicamente, nosotros tenemos:

- Elimina **margin** del cuerpo

- Escogemos el **background-color: white;** en el **<body>**

- Use los atributos **@baseFontFamily**, **@baseFontSize**, y **@baseLineHeight** para nuestra base tipográfica

- Escogemos colores globales de link vía **@linkColor** y aplicamos la línea debajo del link con **:hover**

Estos estilos pueden ser encontrados en **scaffolding.less**.

Reset vía Normalize

Con el Bootstrap 2, los viejos bloques de reset fueron eliminados en favor del **Normalize.css,** un proyecto de Nicolás Gallagher que también tiene el poder del **HTML5 Bolierplate**. Mientras nosotros usamos mucho el **Normalize** en nuestro **reset.less**, eliminamos algunos elementos específicamente para el Bootstrap

Sistema de grid patrón. Ejemplo de Live Grid

El sistema de **grid** de Bootstrap por defecto utiliza 12 columnas, hecho para un contenedor de 940px de ancho y sin características sensitivas habilitadas. Con el archivo CSS sensible que se añadió, el grid se adapta para ser de 724px y 1170px de ancho dependiendo de su ventana. A continuación las ventanas de 767px, las columnas se convierten en fluidos y se apilan verticalmente.

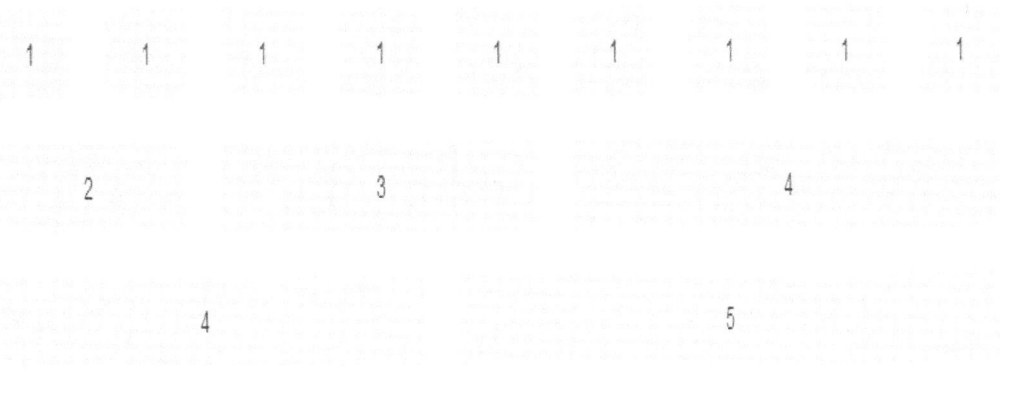

HTML del grid básico

Para un simple layout de dos columnas, cree un **.row** y añada un número apropiado de .span. Como el grid es de 12 columnas, cada **.span** tiene un número que suman 12 columnas, y siempre tienen que haber 12 columnas para cada línea (o el número de columnas del padre).

```
<div class="row">

 <div class="span4">...</div>

 <div class="span8">...</div>

</div>
```

En este ejemplo, nosotros tenemos **.span4** y **.span8**, haciendo 12 el total de columnas de una línea completa

Dando un offset en las columnas

Mueva columnas hacia la izquierda usando las clases .offset. Cada clase aumenta el margen izquierdo de una columna por una columna completa. Por ejemplo, uno **.offset4** mueve **.span4** en cuatro columnas

```
<div class="row">
```

```
<div class="span4">...</div>

<div class="span3 offset2">...</div>

</div>
```

Anidando columnas

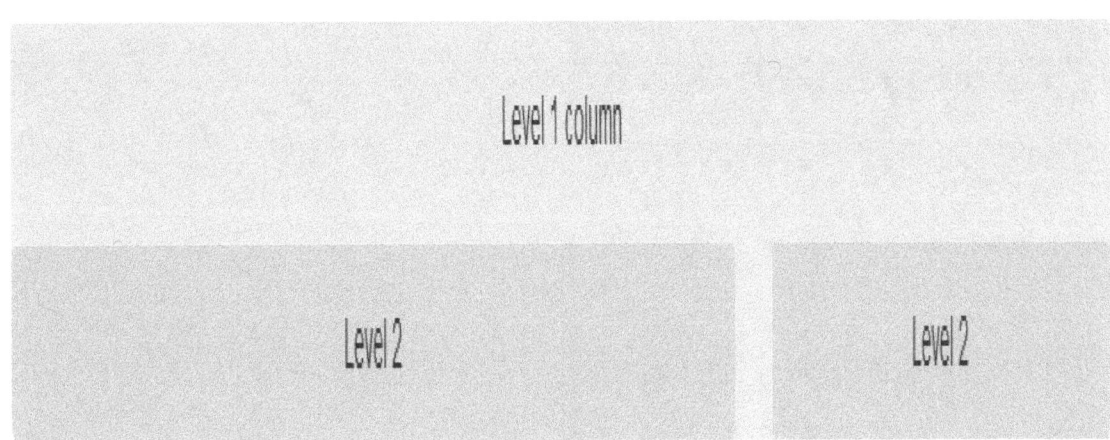

Para anidar su contenido con el grid patrón, añada una nueva **.row** y escoja un **.span** en columnas con una columna existente de **.span**. Las líneas anidadas deben incluir un set de columnas que añadan al número de columnas de su padre

```
<div class="row">

 <div class="span9">

  Columna nivel 1

  <div class="row">

   <div class="span6">Nivel 2</div>

   <div class="span3">Nivel 2</div>

  </div>

 </div>

</div>
```

Sistema de grid fluido

Ejemplo de Live Grid Fluido

El sistema de grid de fluido utiliza porcentajes en lugar de píxeles para la anchura de las columnas. Tiene las mismas capacidades sensitivas como nuestro sistema de grid fija, asegurando proporciones adecuadas para resoluciones de pantalla y dispositivos clave.

HTML básico del grid fluido

Para hacer cualquier línea "fluida" cambiamos **.row** por **.row-fluid**.

```
<div class="row-fluid">
  <div class="span4">...</div>
  <div class="span8">...</div>
</div>
```

offset del fluido

Opera de la misma forma que el grid fijo con un **offset:** añada **.offset** a cualquier columna para dar un **offset** a cualquier columna

```
<div class="row-fluid">
  <div class="span4">...</div>
  <div class="span4 offset2">...</div>
</div>
```

Anidamiento del fluido

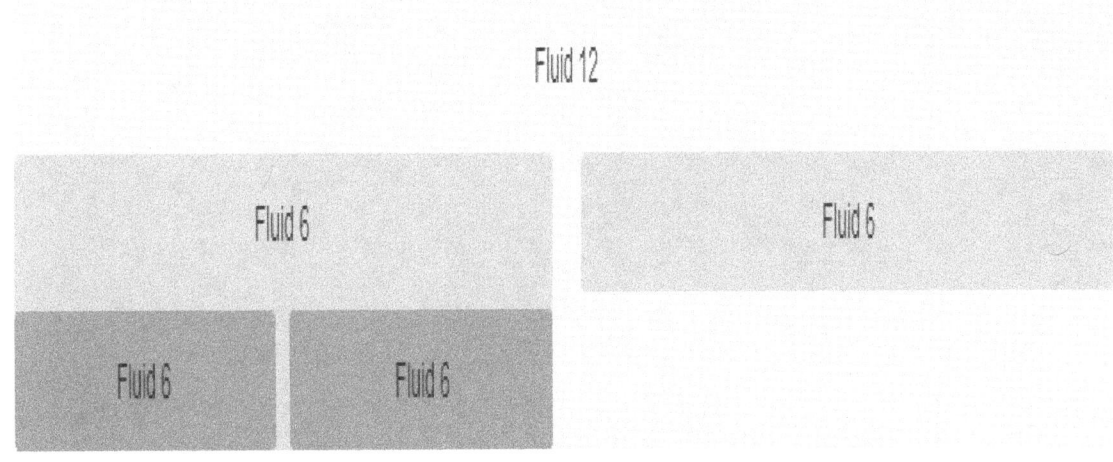

Anidar grids fluidos es un poco diferente: el número de columnas anidadas no deben superar el número de columnas padre. En vez de esto, cada nivel de la columna anidada es reiniciada por qué cada línea lleva el 100% de la columna padre

```
<div class="row-fluid">
 <div class="span12">
   Nivel 1 de la Columna
   <div class="row-fluid">
    <div class="span6">Nivel 2</div>
    <div class="span6">Nivel 2</div>
   </div>
  </div>
</div>
```

Layouts

Layout fijo

Nos provee de una longitud fija (y opcionalmente responsiva) con cualquier **<div class="container">** requerido.

```
<body>
  <div class="container">
    ...
  </div>
</body>
```

<u>Layout fluido</u>

Crear una página de dos columnas fluidas con **<div class="container-fluid">** es óptimo para la aplicación y la documentación

```
<div class="container-fluid">
  <div class="row-fluid">
    <div class="span2">
      <!—contenido del lateral-->
    </div>
    <div class="span10">
      <!—contenido del cuerpo-->
```

</div>

</div>

</div>

Responsive Design

Habilitando funcionalidades sensitivas

Conecte el CSS sensitivo en nuestro proyecto incluyendo la meta tag y la hoja de estilos adicionales dentro del **<head>** del documento. Si usted está con el Bootstrap de la página personalizada, necesitará incluir esta meta tag.

1. <meta name="viewport" content="width=device-width, initial-scale=1.0">

2. <link href="assets/css/bootstrap-responsive.css" rel="stylesheet">

El Bootstrap no incluye funcionalidades sensitivas por defecto por qué no todo necesita ser sensitivo. En vez de esto nosotros recomendamos a los desarrolladores a eliminar esta funcionalidad, nosotros lo hicimos de una forma que es posible habilitarla cuando sea necesario.

Sobre el Bootstrap Sensitivo

Las Media Queries permiten tener CSS personalizado basado en un número de condiciones como aspecto, longitudes, etc, pero normalmente centrado en **min-width** y **max-width**.

-   Modificar la longitud de la columna en su grid

- Elementos estancados en vez de **float** cuando sea necesario
- Encabezados redimensionados y textos para ser más apropiados para los dispositivos

Usar Media Queries sensitivamente y solamente como principio para la audiencia de dispositivos móviles. Para proyectos mayores, considere dedicar bases de código y no capas de media queries.

Dispositivos soportados

El Bootstrap soporta una utilidad de media queries en un único archivo para ayudar a hacer sus proyectos más apropiados para los diferentes dispositivos y resoluciones de pantalla. Aquí está lo que está incluido:

Nome	Largura do layout	largura da coluna	Largura do espaçamento
Móviles	480px y menos	Columnas fluidas, longitud no fija	
Móviles y Tablets	767px y menos	Columnas fluidas, longitud no fija	
Tablets con Resolución Horizontal	768px y más	42px	20px
Patrones – Por Defecto	980px y más	60px	20px
Resolución en Pantalla Grande	1200px y más	70px	30px

```
/* dispositivo en formato paisaje */
@media (max-width: 480px) { ... }
```

```
/* dispositivo en paisaje hasta los tablets en formato porta-retrato */
@media (max-width: 767px) { ... }
```

```
/* tablets en formato porta-retrato haata desktops en formato paisage */
@media (min-width: 768px) and (max-width: 979px) { ... }
```

```
/* Desktop mayores */
@media (min-width: 1200px) { ... }
```

Clases útiles sensitivas

Para un desarrollo rápido y amigable en móviles, use estas clases útiles para mostrar y esconder contenido dependiendo del dispositivo. Debajo, mostramos una tabla de clases disponibles y sus efectos en un layout específico. Estas pueden ser encontrados en **responsive.less.**

Clase	Phones 767px y menos	Tablets 979px hasta 768px	Desktops Default
.visible-phone	Visible	Oculto	Oculto
.visible-tablet	Oculto	Visible	Oculto
.visible-desktop	Oculto	Oculto	Visible
.hidden-phone	Oculto	Visible	Visible

Clase	Phones 767px y menos	Tablets 979px hasta 768px	Desktops Default
.hidden-tablet	Visible	Oculto	Visible
.hidden-desktop	Visible	Visible	Oculto

Cuando usarlo

Use una versión limitada y básica de su web para evitar crear diferentes versiones de la misma web. En vez de esto, úselos como complemento de cada presentación del dispositivo

Prueba sensitiva

Redimensione su navegador para cargar dispositivos diferentes para probar las clases de arriba

Visible en...

Las Marcaciones indican que la clase es visible con nuestra resolución actual

Phone   Tablet   √ Desktop

- Phone
- Tablet
- Desktop✔ Desktop

Aquí, las marcas indican que la clase es escondida en nuestra resolución actual

✓ Phone	✓ Tablet	Desktop

- Phone✔ Phone

- Tablet✔ Tablet

- Desktop

CSS Base

Son elementos HTML fundamentales estilizados y mejorados con clases extensivas:

- Tipografía

- Código

- Tablas

- Formularios

- Botones

- Imágenes

- Iconos por Glyphicons

Tipografía

Encabezados

Todos encabezados, <h1> hasta <h6> están disponibles.

h1. Heading 1

h2. Heading 2

h3. Heading 3

h4. Heading 4

h5. Heading 5

h6. Heading 6

h1. Encabezado 1

h2. Encabezado 2

h3. Encabezado 3

h4. Encabezado 4

h5. Encabezado 5

h6. Encabezado 6

<u>Copia del cuerpo</u>

El patrón global del **font-size** es **14px**, con un **line-height** de **20px**. Es decir aplicado al **\<body>** y todos los párrafos. Y aún, los **\<p>** (párrafos) reciben un margen de la mitad del **line-height** (10px por defecto).

<p>...</p>

Copia principal del cuerpo

Haga un párrafo sobresalir añadiendo **.lead**.

<p class="lead">...</p>

Construido con el Less

La escala tipográfica está basada en dos variabais **LESS** que están disponibles en **variables.less**: **@baseFontSize** y **@baseLineHeight**. El primero es el **font-size** base y el segundo es el **line-height** base. Nosotros usamos estas variables y una matemática simple para crear los **márgenes, paddings**, y **line-heights** para nuestra tipografía y más elementos. Personalícelos y el Bootstrap se adaptará.

Énfasis

Haga el uso de la patrón énfasis de HTML con estilos leves

<small>

Para desenfatizar textos en bloques o **inline**, use la tag **small**.

Example

This line of text is meant to be treated as fine print.

```
<p>
  <small>This line of text is meant to be treated as fine print.</small>
</p>
```

<p>

<small>Esta linea de texto quiere ser tratada como una fina impresion</small>

</p>

<strong>

Para enfatizar un pedazo de texto con **important**

<strong>rendered las bold text</strong>

<em>

Para enfatizar un pedazo de texto con **stress**

<em>renderizando...</em>

Siéntase libre para usar **<b>** y **<i>** en HTML5. **<b>** está hecha para marcar palabras o frases sin dar importancia adicional mientras que es más usado para **<i>**, en términos técnicos etc.

Abreviaturas

La implementación estilizada del elemento **<abbr>** para abreviaciones y acrónimos para mostrar la versión expandida del **hover**. Las abreviaturas del atributo **title** tiene un leve borde inferior y ayuda al cursor en el **hover**, dando información adicional de contexto.

<abbr>

Para texto expandido en un hover de una abreviatura, incluyendo el atributo **title.**

```
Example

An abbreviation of the word attribute is attr.

<abbr title="attribute">attr</abbr>
```

Una abreviatura de la palabra atributo es **attr**

<abbr title="attribute">attr</abbr>

<abbr class="initialism">

Añadimos **initialism** para una abreviatura con una fuente levemente más pequeña

```
Example

HTML is the best thing since sliced bread.

<abbr title="HyperText Markup Language" class="initialism">HTML</abbr>
```

HTML ES la mejor cosa desde el pan.

<abbr title="attribute" class="initialism">attr</abbr>

Direcciones

Presenta información de contacto para el predecesor más próximo o el cuerpo del documento.

\<address>

Mantiene el formateo terminando las líneas con **\
**.

Twitter, Inc.
795 Folsom Ave, Suite 600
San Francisco, CA 94107
P: (123) 456-7890

Nombre completo
first.last@gmail.com

```
<address>
  <strong>Twitter, Inc.</strong><br>
  795 Folsom Ave, Suite 600<br>
  San Francisco, CA 94107<br>
  <abbr title="Phone">P:</abbr> (123) 456-7890
</address>
```

```
<address>
  <strong>Nombre completo</strong><br>
  <a href="mailto:#">first.last@gmail.com</a>
</address>
```

Citas

Para bloques de citas de otra fuente dentro del documento

Patrones de Citas

Example

Lorem ipsum dolor sit amet, consectetur adipiscing elit. Integer posuere erat a ante.

Coloque un **<blockquote>** en cualquier HTML como una cita. Para las citas directas nosotros recomendamos el uso de **<p>**.

<blockquote>

<p> Lorem ipsum dolor sit amet, consectetur adipiscing elit. Integer posuere erat a ante.,</p>

</blockquote>

Opciones para citas

Estilizar el contenido para cambios de variaciones de la cita patrón.

Nombrando una fuente

Example

Lorem ipsum dolor sit amet, consectetur adipiscing elit. Integer posuere erat a ante.
— Someone famous in Source Title

Añada una tag **<small>** para identificar la fuente. Coloque de vuelta el nombre de la fuente del trabajo en una tag **<cite>**.

Alguien famoso en el título de la cita:

```
<blockquote>

    <p> Lorem ipsum dolor sit amet, consectetur adipiscing elit. Integer
posuere erat a ante.</p>

    <small>alguien es famoso en el <cite title="Source Title">titulo de la
fuente</cite></small>

</blockquote>
```

Pantallas alternas

Usando **.pull-right** para flotar una cita a la derecha.

Example

Lorem ipsum dolor sit amet, consectetur adipiscing elit. Integer posuere erat a ante.

Someone famous in Source Title —

Alguien famoso en el título de la cita

```
<blockquote class="pull-right">

   ...

</blockquote>
```

Listas

No ordenadas

Es una lista de elementos en que la orden **no** importa

- Lorem ipsum dolor sit amet
- Consectetur adipiscing elit
- Integer molestie lorem at massa
- Facilisis in pretium nisl aliquet
- Nulla volutpat aliquam velit
  - Phasellus iaculis neque
  - Purus sodales ultricies
  - Vestibulum laoreet porttitor sem
  - Ac tristique libero volutpat at
- Faucibus porta lacus fringilla vel
- Aenean sit amet erat nunc
- Eget porttitor lorem

<ul>

<li>...</li>

</ul>

Ordenadas

Es una lista de elementos en que la orden **importa**

1. Lorem ipsum dolor sit amet
2. Consectetur adipiscing elit
3. Integer molestie lorem at massa
4. Facilisis in pretium nisl aliquet
5. Nulla volutpat aliquam velit
6. Faucibus porta lacus fringilla vel
7. Aenean sit amet erat nunc
8. Eget porttitor lorem

<ol>

<li>...</li>

</ol>

No estilizadas

Es una lista de elementos con ningún **list-style** o margen izquierdo adicional:

```
Example

    Lorem ipsum dolor sit amet
    Consectetur adipiscing elit
    Integer molestie lorem at massa
    Facilisis in pretium nisl aliquet
    Nulla volutpat aliquam velit
       o  Phasellus iaculis neque
       o  Purus sodales ultricies
       o  Vestibulum laoreet porttitor sem
       o  Ac tristique libero volutpat at
    Faucibus porta lacus fringilla vel
    Aenean sit amet erat nunc
    Eget porttitor lorem
```

<ul class="unstyled">

<li>...</li>

</ul>

Inline

Fija todos los elementos de la lista en una línea simple con inline-block y algún padding ligero.

```
<ul class="inline">

  <li>...</li>

</ul>
```

Descripción

Es una lista de términos con sus descripciones asociadas

Description lists
  A description list is perfect for defining terms.
Euismod
  Vestibulum id ligula porta felis euismod semper eget lacinia odio sem nec elit.
  Donec id elit non mi porta gravida at eget metus.
Malesuada porta
  Etiam porta sem malesuada magna mollis euismod.

```
<dl>

  <dt>...</dt>

  <dd>...</dd>

</dl>
```

Descripción Horizontal

Hacemos los términos y descripciones en un **\<dl\>** alienado codo con codo

Example

Description lists	A description list is perfect for defining terms.
Euismod	Vestibulum id ligula porta felis euismod semper eget lacinia odio sem nec elit. Donec id elit non mi porta gravida at eget metus.
Malesuada porta	Etiam porta sem malesuada magna mollis euismod.
Felis euismod semp...	Fusce dapibus, tellus ac cursus commodo, tortor mauris condimentum nibh, ut fermentum massa justo sit amet risus.

```
<dl class="dl-horizontal">

 <dt>...</dt>

 <dd>...</dd>

</dl>
```

Las Listas de descripción horizontal truncarán términos que son muy largos para encajarlos en la izquierda de la columna fija **text-overflow**. En las resoluciones más pequeñas, estas cambiarán para el patrón de **layout** estancado.

Inline

Envuelve en línea fragmentos de código con **\<code\>**.

Example

For example, `<section>` should be wrapped as inline.

Por ejemplo, **<section>** debe ser envuelto como en línea.

1. Por exemplo, <code> <section> </ code> debe ser colocado en línea

Basic block

Use **<pre>** para múltiples líneas de código, asegúrese de escapar cualquier caracterer especial para renderizarlo correctamente

Example

```
<p>Sample text here...</p>
```

<p>Texto de ejemplo</p>

<pre>

<p>Texto de ejemplo</p>

</pre>

Asegúrese de mantener el código dentro de una tag **<pre>** tan cerca de la izquierda como le sea posible, ya que esta tag renderizará todas las **tabs.**

Usted puede opcionalmente añadir la clase **.pre-scrollable** que escogerá un **max-height** de 350px y nos provee de una barra de progreso en el eje **y.**

Tablas

Estilos por defecto

Haremos una estilización básica, un **padding** leve y un **divisor** horizontal (por ejemplo), para ello añadimos la clase base **.table** para cualquier <table>.

Example			
#	First Name	Last Name	Username
1	Mark	Otto	@mdo
2	Jacob	Thornton	@fat
3	Larry	the Bird	@twitter

```
<table class="table">

  ...

</table>
```

Clases Opcionales

Añada cualquiera de las clases siguientes para la clase base **.table**

.table-striped

Añada tablas cebradas dentro de una tag <tbody> verá un selector CSS: **nth-child** (no disponible en el IE7-IE8)

Example			
#	First Name	Last Name	Username
1	Mark	Otto	@mdo
2	Jacob	Thornton	@fat
3	Larry	the Bird	@twitter

<table class="table table-striped">

  ...

</table>

.table-ordered

Añada bordes y bordes redondeados para la tabla

Example			
#	First Name	Last Name	Username
1	Mark	Otto	@mdo
	Mark	Otto	@TwBootstrap
2	Jacob	Thornton	@fat
3	Larry the Bird		@twitter

<table class="table table-bordered">

  ...

</table>

.table-hover

Habilite un estado de **hover** en las líneas dentro de < **tbody** >.

Example			
#	**First Name**	**Last Name**	**Username**
1	Mark	Otto	@mdo
2	Jacob	Thornton	@fat
3	Larry the Bird		@twitter

<table class="table table-hover">

 ...

</table>

.table-condensed

Hacer la tabla más compacta cortando el **padding** de la célula por la mitad

Example			
#	**First Name**	**Last Name**	**Username**
1	Mark	Otto	@mdo
2	Jacob	Thornton	@fat
3	Larry the Bird		@twitter

```
<table class="table table-condensed">

...

</table>
```

Clases opcionales de línea

Use clases contextuales para los colores de las líneas de la tabla

Clase	Descripción
.success	Indica una acción positiva con éxito
.error	Indica una acción negativa y potencialmente peligrosa
.warning	Indica una acción que requiere la atención
.info	Usar una alternativa al estilo patrón

Example

#	Product	Payment Taken	Status
1	TB - Monthly	01/04/2012	Approved
2	TB - Monthly	02/04/2012	Declined
3	TB - Monthly	03/04/2012	Pending
4	TB - Monthly	04/04/2012	Call in to confirm

...

```
<tr class="success">

<td>1</td>

<td>TB - Monthly</td>
```

```
<td>01/04/2012</td>

<td>Approved</td>

</tr>

...
```

Marcación y tablas soportadas

Esta es la lista de elementos soportados por HTML y como deben ser usados

tag	Descripción
<table>	Coloca elementos para mostrar datos en un formato tabular
<thead>	Elemento principal para las líneas de la tabla (<tr>) para mostrar columnas de la tabla
<tbody>	Elemento principal para las líneas de la tabla (<tr>) en el cuerpo de la tabla
<tr>	Elemento principal para una colección de células (&td;tr>) o (<th>) para aparecer en una única línea
<td>	Célula de la tabla patrón
<th>	Célula de tabla especial para la columna (o línea, dependiendo del lugar en el que es colocado) Debe ser usado dentro de un <thead>
<caption>	Descripción o sumario que la tabla posee, especialmente útil para lectores de pantalla

```
<table>

<caption>...</caption>

<thead>
```

```
    <tr>
      <th>...</th>
      <th>...</th>
    </tr>
  </thead>
  <tbody>
    <tr>
      <td>...</td>
      <td>...</td>
    </tr>
  </tbody>
</table>
```

Formularios

Estilos de patrón

Los controles de formularios individuales reciben la estilización, pero sin ninguna clase base en el elemento **<form>** o grandes cambios en la marcación. Los resultados son estancados, alineados la izquierda y rótulos en el top de los controles del formulario.

Example

Legend

Label name

Type something...

Example block-level help text here.

☐ Check me out

Submit

```
<form>

  <legend>Leyenda</legend>

  <label>Nombre del título</label>

  <input type="text" placeholder="Digite algo...">

  <span class="help-block">Ayuda de texto en bloque.</span>

  <label class="checkbox">

    <input type="checkbox"> Mírame

  </label>
```

```
<button type="submit" class="btn">Enviar</button>

</form>
```

Layouts Opcionales

Bootstrap incluye tres layouts de formularios para usos comunes.

Formulario de búsqueda

Añada **.form-search** en el formulario y **.search-query** para <el **input**> en un **input** de texto con redondeamiento extra.

```
<form class="form-search">

  <input type="text" class="input-medium search-query">

  <button type="submit" class="btn">Busca</button>

</form>
```

Formulario inline

Añada **.form-inline** a las etiquetas alineadas la izquierda y a los controles **inline-block** para un layout compacto

```
<form class="form-inline">

  <input type="text" class="input-small" placeholder="Email">
```

```
<input type="password" class="input-small"
placeholder="Contraseña">
    <label class="checkbox">
     <input type="checkbox"> Recuérdame
    </label>
    <button type="submit" class="btn">Entrar</button>
</form>
```

Formulario horizontal

Las etiquetas alineadas la derecha y flotadas en la izquierda aparecen en la misma línea como controles. Requiere más cambios del patrón de marcación del formulario patrón

- Añada **.form-horizontal** en el formulario

- Coloque alrededor de las etiquetas y los controles un .**control-group**

- Añada **.control-labe**l en las etiquetas

- Coloque alrededor de cualquier control asociado a .**controls** para un alineamiento apropiado.

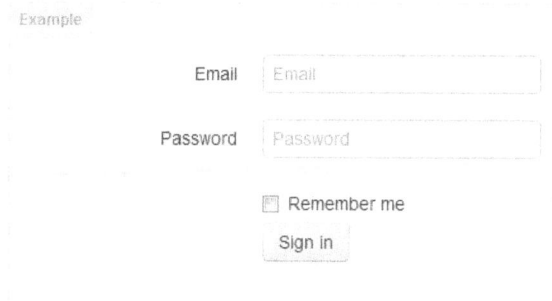

```
<form class="form-horizontal">
 <div class="control-group">
  <label class="control-label" for="inputEmail">Email</label>
   <div class="controls">
```

```
    <input type="text" id="inputEmail" placeholder="Email">

  </div>

 </div>

 <div class="control-group">

  <label class="control-label"
for="inputPassword">Contraseña</label>

   <div class="controls">

    <input type="password" id="inputPassword"
placeholder="Contraseña">

   </div>

  </div>

 <div class="control-group">

  <div class="controls">

   <label class="checkbox">

    <input type="checkbox"> Recuérdeme

   </label>

   <button type="submit" class="btn">Entrar</button>

  </div>

 </div>

</form>
```

Controles soportados por los formularios

Ejemplos de un control de formularios soportados en un layout de ejemplo

inputs

Los controles de formularios más comunes son los campos de entrada basados en texto. Incluye soporte para todos los tipos del HTML5: **text, password, datetime, datetime-local, date, month, equipo, week, number, email, url, search, tel** y **color.**

Requiere el uso de un tipo **type**

1.   <input type="text" placeholder="Text input">

Área de texto

Los controles de formulario también soportan múltiples líneas de texto. Cambie el atributo **row** cuando necesario

1.   <textarea rows="3"></textarea>

Checkbox y radio

Los **Checkboxes** son usados para seleccionar varias opciones de una lista mientras los botones radio son usados para seleccionar una opción entre varias

Patrón (estancados)

☐ Option one is this and that—be sure to include why it's great

◉ Option one is this and that—be sure to include why it's great

◯ Option two can be something else and selecting it will deselect option one

```
<label class="checkbox">

  <input type="checkbox" value="">

  La Opción 1 es esto

</label>


<label class="radio">

  <input type="radio" name="optionsRadios" id="optionsRadios1"
value="option1" checked>

  La Opción 1 es esto

</label>

<label class="radio">

  <input type="radio" name="optionsRadios" id="optionsRadios2"
value="option2">

  La opción 2 puede ser algo más y al seleccionarlo, desmarcará la
opción 1

</label>
```

Checkboxes inline

Añada la clase **.inline** en una serie de **Checkboxes** o de botones radio para controlar la apariencia en la misma línea

```
<label class="checkbox inline">
  <input type="checkbox" id="inlineCheckbox1" value="option1"> 1
</label>
<label class="checkbox inline">
  <input type="checkbox" id="inlineCheckbox2" value="option2"> 2
</label>
<label class="checkbox inline">
  <input type="checkbox" id="inlineCheckbox3" value="option3"> 3
</label>
```

Selects

Use la opción patrón para especificar un **multiple="multiple"** para mostrar varias opciones de un sola vez.

```
<select>

  <option>1</option>

  <option>2</option>

  <option>3</option>

  <option>4</option>

  <option>5</option>

</select>
```

```
<select multiple="multiple">

  <option>1</option>

  <option>2</option>

  <option>3</option>

  <option>4</option>

  <option>5</option>

</select>
```

Extendiendo el control de los formularios

El Bootstrap incluye componentes de formularios bastante útiles para añadir en el top de los controles de los navegadores existentes.

inputs insertados antes o después

Añada texto o botones antes o después de cualquier **input** basado en texto. Advierta que el elemento **select** no es soportado aquí.

Opciones patrón

Coloque alrededor un **.add-on** en un **input** con uno o dos clases para colocar antes o despuñes un texto en un **input.**

```
<div class="input-prepend">

  <span class="add-on">@</span><input class="span2"
id="prependedInput" size="16" type="text" placeholder="Nombre del
usuario">

  </div>

<div class="input-append">

  <input class="span2" id="appendedInput" size="16"
type="text"><span class="add-on">.00</span>

  </div>
```

Combinados

Use ambas clases y dos instancias de **.add-on** para colocar antes o después en un **input**

<div class="input-prepend input-append">

<span class="add-on">$</span><input class="span2" id="appendedPrependedInput" size="16" type="text"><span class="add-on">.00</span>

</div>

Botones en vez de texto

En vez de un **<span>** con texto, use uno **.btn** para conectar un botón (o dos) a un input

<div class="input-append">

<input class="span2" id="appendedInputButton" size="16" type="text"><button class="btn" type="button">Vamos!</button>

</div>

<div class="input-append">

```
    <input class="span2" id="appendedInputButtons" size="16"
type="text"><button class="btn" type="button">Buscar</button><button
class="btn" type="button">Opciones</button>

    </div>
```

Formulario de búsqueda

```
Example


                        Search  Options
```

```html
<form class="form-search">
  <div class="input-append">
    <input type="text" class="span2 search-query">
    <button type="submit" class="btn">Busca</button>
  </div>
  <div class="input-prepend">
    <button type="submit" class="btn">Busca</button>
    <input type="text" class="span2 search-query">
  </div>
</form>
```

Ejemplos de botones Dropdown

Example

Action ▾

```
<div class="input-append">
  <input class="span2" id="appendedDropdownButton" type="text">
  <div class="btn-group">
    <button class="btn dropdown-toggle" data-toggle="dropdown">
      Action
      <span class="caret"></span>
    </button>
    <ul class="dropdown-menu">
      ...
    </ul>
  </div>
</div>
```

Example

Action ▾

```
<div class="input-prepend">
  <div class="btn-group">
```

```html
    <button class="btn dropdown-toggle" data-toggle="dropdown">
      Action
      <span class="caret"></span>
    </button>
    <ul class="dropdown-menu">
      ...
    </ul>
  </div>
  <input class="span2" id="prependedDropdownButton" type="text">
</div>
```

Example

Action ▼   Action ▼

```html
<div class="input-prepend input-append">
  <div class="btn-group">
    <button class="btn dropdown-toggle" data-toggle="dropdown">
      Action
      <span class="caret"></span>
    </button>
    <ul class="dropdown-menu">
      ...
    </ul>
  </div>
```

```
<input class="span2" id="appendedPrependedDropdownButton"
type="text">
  <div class="btn-group">
   <button class="btn dropdown-toggle" data-toggle="dropdown">
    Action
    <span class="caret"></span>
   </button>
   <ul class="dropdown-menu">
    ...
   </ul>
  </div>
</div>
```

Ejemplo de grupo segmentado de Dropdown

```
<form>
  <div class="input-prepend">
   <div class="btn-group">...</div>
   <input type="text">
  </div>
  <div class="input-append">
   <input type="text">
```

```
<div class="btn-group">...</div>

  </div>

</form>
```

Ejemplo de Formulario de Búsqueda

```
<form class="form-search">

  <div class="input-append">

    <input type="text" class="span2 search-query">

    <button type="submit" class="btn">Search</button>

  </div>

  <div class="input-prepend">

    <button type="submit" class="btn">Search</button>

    <input type="text" class="span2 search-query">

  </div>

</form>
```

Controlar tamaño

Use clases de tamaño relativo como **.input-large** o deje sus inputs con el tamaño de la columna del **grid** usando las clases **.span**.

Entradas en el nivel Bloque

Hacemos el comportamiento de algún elemento **\<input\>** de **\<textarea\>** como un elmento de nivel de bloque.

.input-block-level

1. <input class="input-block-level" type="text" placeholder=".input-block-level">

Tamaño relativo

input-mir

.input-small

input-medium

input-large

input-xlarge

input-xxlarge

<input class="input-mini" type="text" placeholder=".input-mini">

<input class="input-small" type="text" placeholder=".input-small">

<input class="input-medium" type="text" placeholder=".input-medium">

<input class="input-large" type="text" placeholder=".input-large">

<input class="input-xlarge" type="text" placeholder=".input-xlarge">

<input class="input-xxlarge" type="text" placeholder=".input-xxlarge">

Atención! En las futuras versiones, tendremos que modificar el uso de estas clases de **inputs** relativos para encontrar nuestros tamaños de botones. Por ejemplo, a **input-large** se le incrementará el **padding** y el **font-size** de un **input**.

Tamaño del grid

Use **.span1** hasta **.span12** para los **inputs** se encajen en los mismos tamaños de las columnas del **grid**

```
<input class="span1" type="text" placeholder=".span1">

<input class="span2" type="text" placeholder=".span2">

<input class="span3" type="text" placeholder=".span3">

<select class="span1">

  ...

</select>

<select class="span2">

  ...

</select>

<select class="span3">
```

...

</select>

Cuando tengamos múltiples **inputs** de grid por línea, use la clase modificadora **.controls-row** para un espaciamiento adecuado.

Example

.span5

.span4   .span1

.span3   span2

span2   span3

.span1   .span4

```
<div class="controls">

  <input class="span5" type="text" placeholder=".span5">

</div>

<div class="controls controls-row">

  <input class="span4" type="text" placeholder=".span4">

  <input class="span1" type="text" placeholder=".span1">

</div>

...
```

inputs no editables

Los datos presentes en un formulario que no son editables usando marcación de un formulario actual

Example

Some value here

Veamos estos valores:

1.   \<span class="input-xlarge uneditable-input"\>Some value here\</span\>

Acciones de formularios

Termine un formulario con un grupo de acciones (botones). Cuando tenga un **.form-horizontal**, los botones irán automáticamente en el sangrado para alinearse con los controles de formulario

\<div class="form-actions"\>

  \<button type="submit" class="btn btn-primary"\>Guardar Cambios\</button\>

  \<button type="button" class="btn"\>Cancelar\</button\>

\</div\>

<u>Texto de ayuda</u>

El Soporte inline y el bloque para texto de ayuda que aparece en los controles de formulario

Ayuda inline

Inline help text

1. <input type="text"><span class="help-inline">Texto de Ayuda Inline</span>

Ayuda en bloque

A longer block of help text that breaks onto a new line and may extend beyond one line.

1. <input type="text"><span class="help-block"> El bloque largo del texto de ayuda que rompe un nueva línea y se extiende a través de la línea </span>

Estados de control del formulario

Dar feedback para los usuarios o visitantes con un feedback básico de los estados de control de formulario y etiquetas

Focos en el input

Nosotros eliminamos el estilo patrón del **outline** en algunos controles de formularios y aplicamos un **box-shadow** en el lugar de **focus**.

This is focused...

1. <input class="input-xlarge" id="focusedInput" type="text" value="Aquí está el foco">

Inputs No válidos

El estilo de los inputs via por defecto en los navegadores funcionan con: **invalid**. Específicando un type, añadiendo un atributo **requiered** si el campo no es opcional, y si es aplicable se especifica un **pattern**. Eso no es soportado en las versiones del Internet Explorer 7-9.

inputs Deshabilitados

Añada el atributo **disabled** en un **input** para prevenir que el usuario pueda teclear algo con una apariencia diferente

1. **\<input class="input-xlarge" id="disabledInput" type="text" placeholder="Input deshabilitado" disabled\>**

Estados de Validación

Bootstrap incluye estilos de validación como **error, warning, info** y **success messages**. Si los usa, añada la clase apropiada al surrounding .**control-group**.

Example

Input with warning ⬚ Something may have gone wrong

Input with error ⬚ Please correct the error

Input with info ⬚ Username is taken

Input with success ⬚ Woohoo!

```
<div class="control-group warning">

<label class="control-label" for="inputWarning">Input con
aviso</label>

<div class="controls">

<input type="text" id="inputWarning">

<span class="help-inline">Alguna cosa salió errónea</span>

</div>

</div>

<div class="control-group error">

<label class="control-label" for="inputError">Input con error</label>

<div class="controls">

<input type="text" id="inputError">

<span class="help-inline">Por favor, corrija o erro</span>

</div>

</div>

<div class="control-group success">

<label class="control-label" for="inputSuccess">Input
existoso</label>
```

```html
<div class="controls">

  <input type="text" id="inputSuccess">

  <span class="help-inline">Perfect!!!</span>

 </div>

</div>
```

Botones

Botones por Defecto

Los estilos de botón pueden ser aplicados para cualquier clase **.btn**. Sin embargo, normalmente usted aplicará esto solamente en elementos **<a >** y **<button>** para una mejor renderización

Button	class=""	Description
Default	btn	Standard gray button with gradient
Primary	btn btn-primary	Provides extra visual weight and identifies the primary action in a set of buttons
Info	btn btn-info	Used as an alternative to the default styles
Success	btn btn-success	Indicates a successful or positive action
Warning	btn btn-warning	Indicates caution should be taken with this action
Danger	btn btn-danger	Indicates a dangerous or potentially negative action
Inverse	btn btn-inverse	Alternate dark gray button, not tied to a semantic action or use
Link	btn btn-link	Deemphasize a button by making it look like a link while maintaining button behavior

Botones	class=""	Descripción
Default	**btn**	Botón patrón con gradiente ceniza
Primary	**btn btn-primary**	Provee peso extra visual e identifica la acción primaria en una colección de botones
Info	**btn btn-info**	Usado como una alternativa para los estilos patrones
Success	**btn btn-**	Indica una acción exitosa y positiva

Botones	class=""	Descripción
	success	
Warning	**btn btn-warning**	La Indicación de tener cuidado se hace con esta acción
Danger	**btn btn-danger**	Indica una acción potencialmente peligrosa
Inverse	**btn btn-inverse**	Botón alternativo, no conectado a una acción semántica al uso
Link	**btn btn-link**	Enfatiza un botón para hacer parecer como link mientras mantiene el comportamiento de botón

Compatibilidad Cross Browser

El IE9 no corta el gradiente de fondo en bordes redondeados, entonces nosotros lo eliminaremos. Otra cosa, el IE9 deshabilita los elementos **button**, renderizando un texto ceniza con una sombra en el texto que no podemos corregir.

Tamaños de botón

Botones grandes o pequeños? añada **.btn-large, .btn-small, o .btn-mini.**

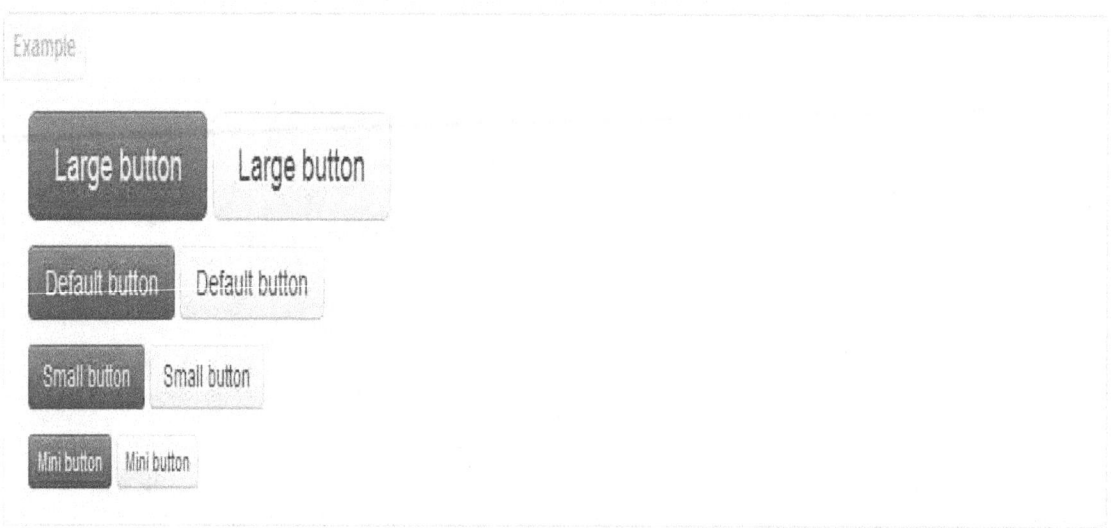

<p>

```
<button class="btn btn-large btn-primary" type="button">Botón
grande</button>
<button class="btn btn-large" type="button">Botón  grande</button>
</p>
<p>
<button class="btn btn-primary" type="button">Patrón de
botón</button>
<button class="btn" type="button">Patrón de botón</button>
</p>
<p>
<button class="btn btn-small btn-primary" type="button">Botón
pequeño</button>
<button class="btn btn-small" type="button">Botón
pequeño</button>
</p>
<p>
<button class="btn btn-mini btn-primary" type="button">Botón
miniatura</button>
<button class="btn btn-mini" type="button">Botón miniatura</button>
</p>
```

Crear botones en bloque, aquellos que se esparcen por la longitud completa del elemento padre, añadiendo .**btn-block.**

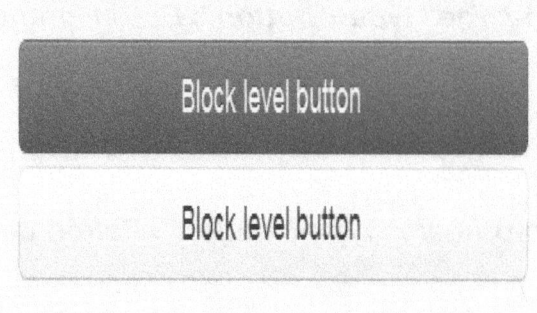

<button class="btn btn-large btn-block btn-primary" type="button">Botones en Bloque</button>

<button class="btn btn-large btn-block" type="button">Botones en Bloque</button>

Estado Deshabilitado

Hacer botones que parezcan no clicables dejando más claro en 50%

Elemento Anchor

Añada la clase **.disabled** al <a>

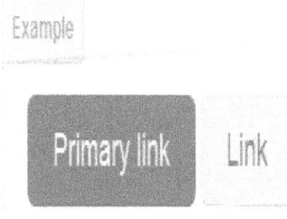

Link primario link

<a href="#" class="btn btn-large btn-primary disabled">Link primario</a>

<a href="#" class="btn btn-large disabled">Link</a>

Atención! Nosotros usamos **.disabled** como una clase utilitaria, similar la clase **.active**, ya que será necesario ningún prefijo

Elemento Button

Añada el atributo **disabled** a los botones con la tag **<button>**

<button type="button" class="btn btn-large btn-primary disabled" disabled="disabled">Botón primario</button>

<button type="button" class="btn btn-large" disabled>Botones</button>

Una clase, múltiples tags

Use la clase **.btn** en un elemento **<a>**, **<button>**, o elemento **<input>**.

<a class="btn" href="">Link</a>

<button class="btn" type="submit">Botones</button>

<input class="btn" type="button" value="Input">

<input class="btn" type="submit" value="Enviar">

Como mejor práctica, intente dar el elemento al contexto para verificar que será bien renderizado a través del navegador. Si usted tiene un input, use un **<input type="submit">** para sus botones

Imágenes

Añada clases para una tag **<img>** para estilizar fácilmente las imágenes en cualquier proyecto

```
<img src="..." class="img-rounded">

<img src="..." class="img-circle">

<img src="..." class="img-polaroid">
```

Atención! **.img-rounded** y **.img-circle** funcionará en el IE7-8 debido a que no soporta el **border-radius**

Iconos con Glyphicons

Iconos Glyphs

140 iconos en forma de **sprite**, están disponibles en un patrón ceniza oscuro y blanco, provisto por el **Glyphicons**.

- icon-glass
- icon-music
- icon-search
- icon-envelope
- icon-heart
- icon-star
- icon-star-empty
- icon-user
- icon-film
- icon-th-large
- icon-th
- icon-th-list
- icon-ok
- icon-remove
- icon-zoom-in
- icon-zoom-out
- icon-off
- icon-signal
- icon-cog
- icon-trash
- icon-home

- icon-file
- icon-time
- icon-road
- icon-download-alt
- icon-download
- icon-upload
- icon-inbox
- icon-play-circle
- icon-repeat
- icon-refresh
- icon-list-alt
- icon-lock
- icon-flag
- icon-headphones
- icon-volume-off
- icon-volume-down
- icon-volume-up
- icon-qrcode
- icon-barcode
- icon-tag
- icon-tags
- icon-book
- icon-bookmark
- icon-print
- icon-camera
- icon-font

- icon-bold
- icon-italic
- icon-text-height
- icon-text-width
- icon-align-left
- icon-align-center
- icon-align-right
- icon-align-justify
- icon-list
- icon-indent-left
- icon-indent-right
- icon-facetime-video
- icon-picture
- icon-pencil
- icon-map-marker
- icon-adjust
- icon-tint
- icon-edit
- icon-share
- icon-check
- icon-move
- icon-step-backward
- icon-fast-backward
- icon-backward
- icon-play
- icon-pause

- icon-stop

- icon-forward

- icon-fast-forward

- icon-step-forward

- icon-eject

- icon-chevron-left

- icon-chevron-right

- icon-plus-sign

- icon-minus-sign

- icon-remove-sign

- icon-ok-sign

- icon-question-sign

- icon-info-sign

- icon-screenshot

- icon-remove-circle

- icon-ok-circle

- icon-ban-circle

- icon-arrow-left

- icon-arrow-right

- icon-arrow-up

- icon-arrow-down

- icon-share-alt

- icon-resize-full

- icon-resize-small

- icon-plus

- icon-minus

- icon-asterisk
- icon-exclamation-sign
- icon-gift
- icon-leaf
- icon-fire
- icon-eye-open
- icon-eye-close
- icon-warning-sign
- icon-plane
- icon-calendar
- icon-random
- icon-comment
- icon-magnet
- icon-chevron-up
- icon-chevron-down
- icon-retweet
- icon-shopping-cart
- icon-folder-close
- icon-folder-open
- icon-resize-vertical
- icon-resize-horizontal
- icon-hdd
- icon-bullhorn
- icon-bell
- icon-certificate
- icon-thumbs-up

- icon-thumbs-down

- icon-hand-right

- icon-hand-left

- icon-hand-up

- icon-hand-down

- icon-circle-arrow-right

- icon-circle-arrow-left

- icon-circle-arrow-up

- icon-circle-arrow-down

- icon-globe

- icon-wrench

- icon-tasks

- icon-filter

- icon-briefcase

- icon-fullscreen

Y icon-glass	♫ icon-music	Q icon-search	✉ icon-envelope
♥ icon-heart	★ icon-star	☆ icon-star-empty	♿ icon-user
▦ icon-film	▦ icon-th-large	▦ icon-th	☰ icon-th-list
✔ icon-ok	✖ icon-remove	⊕ icon-zoom-in	⊖ icon-zoom-out
☊ icon-off	.ıl icon-signal	⚙ icon-cog	🗑 icon-trash
🏠 icon-home	▤ icon-file	◷ icon-time	A icon-road
⤓ icon-download-alt	⊙ icon-download	⊙ icon-upload	⬓ icon-inbox
⊙ icon-play-circle	↻ icon-repeat	↻ icon-refresh	▤ icon-list-alt
🔒 icon-lock	⚑ icon-flag	🎧 icon-headphones	◀× icon-volume-off
◀ icon-volume-down	◀) icon-volume-up	▦ icon-qrcode	‖‖ icon-barcode
🏷 icon-tag	🏷 icon-tags	▦ icon-book	🔖 icon-bookmark
🖶 icon-print	📷 icon-camera	A icon-font	B icon-bold
I icon-italic	IT icon-text-height	T icon-text-width	≡ icon-align-left
≡ icon-align-center	≡ icon-align-right	≡ icon-align-justify	≡ icon-list
⇤ icon-indent-left	⇥ icon-indent-right	◼ icon-facetime-video	▦ icon-picture
✎ icon-pencil	◉ icon-map-marker	◐ icon-adjust	◆ icon-tint
✐ icon-edit	⤷ icon-share	☑ icon-check	✛ icon-move
◄ icon-step-backward	◄◄ icon-fast-backward	◄◄ icon-backward	► icon-play
‖ icon-pause	■ icon-stop	►► icon-forward	►►| icon-fast-forward
►| icon-step-forward	⏏ icon-eject	‹ icon-chevron-left	› icon-chevron-right
⊕ icon-plus-sign	⊖ icon-minus-sign	⊗ icon-remove-sign	⊙ icon-ok-sign
⊘ icon-question-sign	⊙ icon-info-sign	✦ icon-screenshot	⊗ icon-remove-circle
⊙ icon-ok-circle	⊘ icon-ban-circle	← icon-arrow-left	→ icon-arrow-right
↑ icon-arrow-up	↓ icon-arrow-down	➤ icon-share-alt	↗ icon-resize-full
↙ icon-resize-small	+ icon-plus	− icon-minus	✳ icon-asterisk
❶ icon-exclamation-sign	🎁 icon-gift	◣ icon-leaf	🔥 icon-fire
◉ icon-eye-open	◉ icon-eye-close	⚠ icon-warning-sign	✈ icon-plane
🗓 icon-calendar	⤬ icon-random	🗨 icon-comment	Ü icon-magnet
▲ icon-chevron-up	▼ icon-chevron-down	↺ icon-retweet	🛒 icon-shopping-cart
🗀 icon-folder-close	🗁 icon-folder-open	↕ icon-resize-vertical	↔ icon-resize-horizontal
▤ icon-hdd	📣 icon-bullhorn	🔔 icon-bell	✲ icon-certificate
👍 icon-thumbs-up	👎 icon-thumbs-down	👉 icon-hand-right	👈 icon-hand-left
👆 icon-hand-up	👇 icon-hand-down	⊙ icon-circle-arrow-right	⊙ icon-circle-arrow-left
⊙ icon-circle-arrow-up	⊙ icon-circle-arrow-down	🌐 icon-globe	🔧 icon-wrench
≡ icon-tasks	▼ icon-filter	💼 icon-briefcase	⛶ icon-fullscreen

Como usarlos

Todos los iconos requieren de una tag **<i>** con una clase única, prefijada con un **icon-**. Para usarlo, coloque el código siguiente en cualquier lugar:

1. <i class="icon-search"></i>

También hay estilos disponibles de iconos (blancos) invertidos, quedando lista con una clase extra. Nosotros reforzaremos específicamente esta clase en el **hover** y en los estados de activo para la navegación y en los links **dropdown**

1. <i class="icon-search icon-white"></i>

Atención! Cuando además use strings de texto, como en un botón o en links de navegación, tenga la certeza de dejar un espacio tras la tag para un espaciamiento adecuado.

Ejemplos de iconos

Úselos como botones o grupos de botones para una barra de herramientas, navegación, o inputs de formularios

Botones

Grupos de botones en una barra de botones

Example

```
<div class="btn-toolbar">

  <div class="btn-group">


    <a class="btn" href="#"><i class="icon-align-left"></i></a>
```

```
<a class="btn" href="#"><i class="icon-align-center"></i></a>

<a class="btn" href="#"><i class="icon-align-right"></i></a>

<a class="btn" href="#"><i class="icon-align-justify"></i></a>

</div>

</div>
```

Dropdown en un grupo de botones

Usuario

```
<div class="btn-group">

<a class="btn btn-primary" href="#"><i class="icon-user icon-white"></i> Usuario</a>

<a class="btn btn-primary dropdown-toggle" data-toggle="dropdown" href="#"><span class="caret"></span></a>

<ul class="dropdown-menu">

<li><a href="#"><i class="icon-pencil"></i> Editar</a></li>

<li><a href="#"><i class="icon-trash"></i> Apagar</a></li>

<li><a href="#"><i class="icon-ban-circle"></i> Ban</a></li>

<li class="divider"></li>

<li><a href="#"><i class="i"></i> Volver al Administrador</a></li>

</ul>

</div>
```

Botón pequeño

1. <a class="btn btn-small" href="#"><i class="icon-star"></i></a>

Navegación

- Inicio

- Biblioteca

- Aplicaciones

- Otros

```
<ul class="nav nav-list">

    <li class="active"><a href="#"><i class="icon-home icon-white"></i>
Inicio</a></li>

    <li><a href="#"><i class="icon-book"></i> Biblioteca</a></li>

    <li><a href="#"><i class="icon-pencil"></i> Aplicaciones</a></li>

    <li><a href="#"><i class="i"></i> Otros</a></li>

</ul>
```

Campos de formularios

Example

Email address ✉

```
<div class="control-group">

  <label class="control-label" for="inputIcon">Dirección de
email</label>

  <div class="controls">

    <div class="input-prepend">

    <span class="add-on"><i class="icon-envelope"></i></span>

    <input class="span2" id="inputIcon" type="text">

  </div>

</div>
```

Componentes

Decenas de componentes reusables fueron construidos para proveer de navegación, alertas, popovers y más funciones:

- **Dropdowns**

- **Grupos de botones**

- **Dropdown de botones**

- **Navegaciones**

- **Barra de navegación**

- **Breadcrumbs**

- **Paginación**

- **etiquetas y emblemas**

- **Tipografía**

- **Imágenes en Miniaturas (Thumbnails)**

- **Alertas**

- **Barra de progreso**

- **Otros**

Menús dropdown

Ejemplo

Podemos usar menús alternativos y contextuales para mostrar listas de links. Los hacemos interactivos con el plugin **dropdown** de JavaScript.

Example

Action

Another action

Something else here

Separated link

```
<ul class="dropdown-menu" role="menu" aria-labelledby="dropdownMenu">

    <li><a tabindex="-1" href="#">Acción</a></li>

    <li><a tabindex="-1" href="#">Otra acción</a></li>

    <li><a tabindex="-1" href="#">Algo de más aqui</a></li>

    <li class="divider"></li>

    <li><a tabindex="-1" href="#">Link separador</a></li>

</ul>
```

Marcación

Mirando solamente el menú **dropdown**, aquí está el HTML que necesitamos. Usted necesita colocar alrededor del elemento que dispara el menú **dropdown** en un **.dropdown**, u otro elemento que declare **position: relative**. Entonces simplemente creará el menú.

```
<div class="dropdown">
  <!-- Link or button to toggle dropdown -->
  <ul class="dropdown-menu" role="menu" aria-labelledby="dLabel">
    <li><a tabindex="-1" href="#">Acción</a></li>
    <li><a tabindex="-1" href="#">Otra acción</a></li>
    <li><a tabindex="-1" href="#">Algo de más aqui</a></li>
    <li class="divider"></li>
    <li><a tabindex="-1" href="#">Link separador</a></li>
  </ul>
</div>
```

Opciones

Alinear menús para la derecha y *adicionar niveles diferentes de dropdowns

Alineando los menús

Añada **.pull-right** para un **.dropdown-menú** para alinear hacia la derecha un menú **dropdown**

```
<ul class="dropdown-menu pull-right" role="menu" aria-labelledby="dLabel">
  ...
</ul>
```

Deshabilitando opciones de menú

Añada **.disabled** a **<li>** en el dropdown para deshabilitar el link.

```
<ul class="dropdown-menu" role="menu" aria-
labelledby="dropdownMenu">

  <li><a tabindex="-1" href="#">Regular link</a></li>

  <li class="disabled"><a tabindex="-1" href="#">Disabled link</a></li>

  <li><a tabindex="-1" href="#">Another link</a></li>

</ul>
```

Sub menús en un dropdown

Añada un nivel extra de menú dropdown, apareciendo en el **hover** como es hecho en el OS X, con la adición de algunas de las marcaciones. Añada **.dropdown-submenu** en cualquiera **<li>** en un **dropdown** existente para la estilización automática

```
<ul class="dropdown-menu" role="menu" aria-labelledby="dLabel">

 ...

 <li class="dropdown-submenu">

  <a tabindex="-1" href="#">Más opciones</a>

  <ul class="dropdown-menu">

   ...

  </ul>

 </li>

</ul>
```

Grupos de botones

Ejemplos

Dos opciones básicas, lejos de más variaciones específicas

Grupo de botón único

Coloque alrededor de una serie de botones **.btn** una clase **.btn-group**.

Example

Left Middle Right

```
<div class="btn-group">
  <button class="btn">1</button>
  <button class="btn">2</button>
  <button class="btn">3</button>
</div>
```

Grupos de botones múltiples

Combine las elecciones de la estructura **<div class="btn-group">** en un **<div class="btn-toolbar">** para componentes más complejos.

Example

1 2 3 4   5 6 7   8

```
<div class="btn-toolbar">
  <div class="btn-group">
    ...
  </div>
</div>
```

Grupos de botones verticales

Haga una colección de botones que aparezcan verticalmente estancados en vez de horizontalmente

```
<div class="btn-group btn-group-vertical">

  ...

</div>
```

Checkbox y radio butón en diferentes formas

Los grupos de botones también funcionan como **radios**, donde solamente uno puede estar activo, o **Checkboxes**, donde cualquier número de elementos pueden estar activos. Vea la documentación del javascript para esto.

dropdown en los grupos de botones

Atención! Los botones con dropdowns deben estar colocados individualmente con una clase **.btn-group** dentro de un **.btn-toolbar** para que se renderice correctamente

Botones de menú dropdown

Visión general y ejemplos

Use cualquier botón para disparar un menú **dropdown** colocado dentro de uno **.btn-group** y provea la marcación adecuada

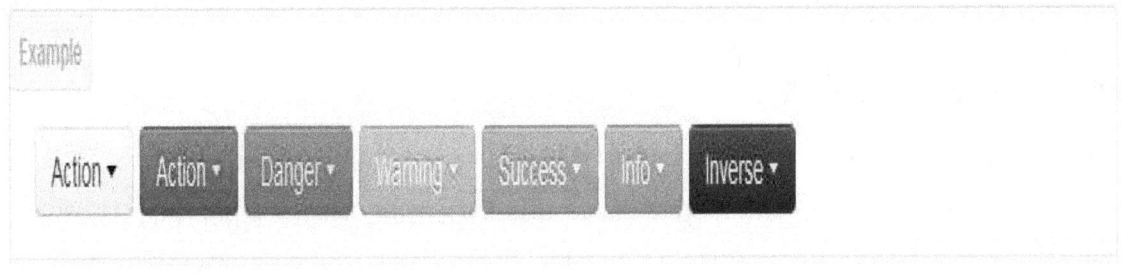

```
<div class="btn-group">

 <a class="btn dropdown-toggle" data-toggle="dropdown" href="#">

  Acción

  <span class="caret"></span>

 </a>

 <ul class="dropdown-menu">

  <!-- Links del menu dropdown -->

 </ul>

</div>
```

Trabajar con todos los tamaños de botones

El **dropdown** de botones trabaja con cualquier tamaño: **.btn-large, .btn-small,** o **.btn-mini**.

JavaScript requerido

Los botones dropdown requieren el plugin dropdown de Bootstrap para funcionar.

En algunos casos (como en móviles) los menús dropdown traspasarán la visión del navegador. Usted necesitará resolver el alineamiento manualmente o con algún javascript personalizado.

Rompiendo botones dropdown

Para construir estilos y marcaciones de grupos de botones, podemos simplemente romper los botones. La funcionalidad de romper botones le permite a usted tener una acción patrón en la izquierda y un dropdown en la derecha con links contextuales.

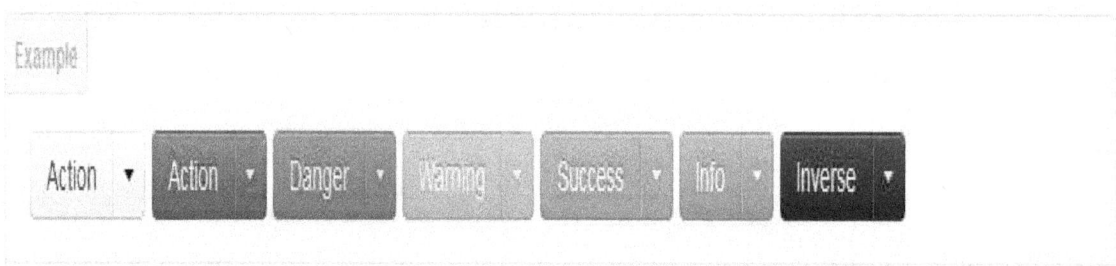

```
<div class="btn-group">

  <button class="btn">Acción</button>

  <button class="btn dropdown-toggle" data-toggle="dropdown">

    <span class="caret"></span>

  </button>

  <ul class="dropdown-menu">

    <!-- Links del menu dropdown -->

  </ul>

</div>
```

Tamaños

Utilice las clases extras de botones **.btn-mini, .btn-small,** o **.btn-large** para el dimensionamento.

```
<div class="btn-group">

  <button class="btn btn-mini">Acción</button>

  <button class="btn btn-mini dropdown-toggle" data-
toggle="dropdown">

    <span class="caret"></span>

  </button>

  <ul class="dropdown-menu">

    <!-- Links de menu dropdown -->

  </ul>

</div>
```

Menús Dropup

Los menús dropdown puede también ser cambiados en la parte inferior añadiendo una clase simple en el padre inmediato, la clase es **.dropdown-menú**. Esto modificará la dirección del **.caret** y reposicionando el menú para mover de arriba para abajo.

```
<div class="btn-group dropup">

  <button class="btn">Dropup</button>

  <button class="btn dropdown-toggle" data-toggle="dropdown">

   <span class="caret"></span>

  </button>

  <ul class="dropdown-menu">

   <!-- Links del menu dropdown -->

  </ul>

</div>
```

Navegación: fichas, píldoras y listas

Mismo marcado, distintas clases

Todos componentes de navegación aquí, fichas, píldoras, y listas, comparten la misma marcación base y estilos a través de la clase **.nav**

Fichas básicas

Use un **<ul>** de links y añada la clase **.nav-tabs:**

```
<ul class="nav nav-tabs">
  <li class="active">
    <a href="#">Inicio</a>
  </li>
  <li><a href="#">...</a></li>
  <li><a href="#">...</a></li>
</ul>
```

Píldoras básicas

Use algún HTML, pero use **.nav-pills** en vez de esto

```
<ul class="nav nav-pills">
  <li class="active">
    <a href="#">Inicio</a>
  </li>
  <li><a href="#">...</a></li>
  <li><a href="#">...</a></li>
</ul>
```

Estado Deshabilitado

Para cualquier componente de navegación (fichas, píldoras y lista), añada **.disabled** para links y para efectos de **hover**. Los links permanecerán clicables, sin embargo, necesitará implementar un javascript para prever estos clics

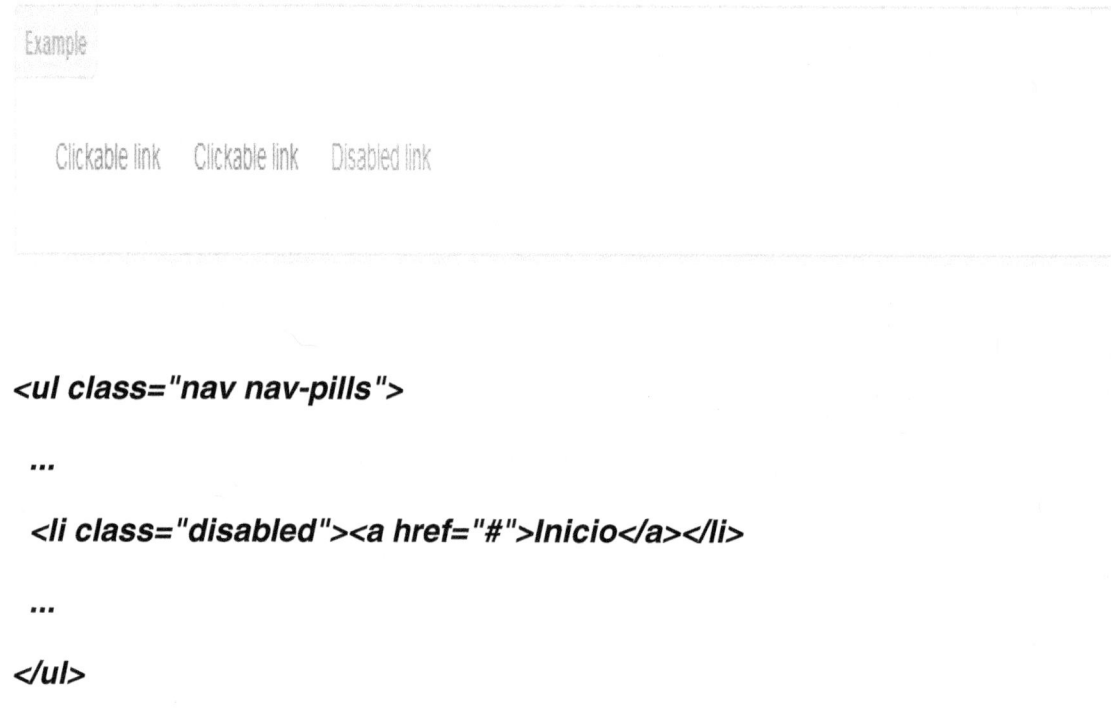

```
<ul class="nav nav-pills">

 ...

 <li class="disabled"><a href="#">Inicio</a></li>

 ...

</ul>
```

Alineamiento del componente

Para alinear los links de navegación, use las clases **.pull-left** o **.pull-right**. Ambas clases añadirán un **float CSS** en la dirección especificada

Estancadas

Como las fichas y las píldoras son horizontales por patrón, solamente añada una clase, a **.nav-stacked**, para dejarlas verticalmente estancadas

Fichas estancadas

<ul class="nav nav-tabs nav-stacked">

 ...

</ul>

Píldoras estancadas

<ul class="nav nav-pills nav-stacked">

 ...

</ul>

Dropdowns

Añada menús dropdown con un HTML extra y un Plugin de javascript de dropdown.

Fichas con dropdown

```html
<ul class="nav nav-tabs">
  <li class="dropdown">
    <a class="dropdown-toggle"
      data-toggle="dropdown"
      href="#">
      Dropdown
      <b class="caret"></b>
    </a>
    <ul class="dropdown-menu">
      <!-- links -->
    </ul>
  </li>
</ul>
```

Píldoras con dropdowns

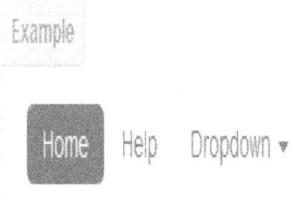

```html
<ul class="nav nav-pills">
  <li class="dropdown">
    <a class="dropdown-toggle"
      data-toggle="dropdown"
      href="#">
      Dropdown
      <b class="caret"></b>
    </a>
    <ul class="dropdown-menu">
      <!-- links -->
    </ul>
  </li>
</ul>
```

Listas de navegación

Es una manera simple y fácil de construir grupos de navegación en links con encabezados opcionales. Estos son usados de una mejor manera en las barras laterales como el **finder** en **OS X**.

Ejemplo de listas de navegación

Coja una lista de links y añada class="**nav nav-list**":

- Encabezado de lista

- Inicio

- Biblioteca

- Aplicaciones

- Otro encabezado de lista

- Perfil

- Configuraciones

-
- Ayuda

```
<ul class="nav nav-list">

  <li class="nav-header">Cabeçalho de lista</li>

  <li class="active"><a href="#">Início</a></li>

  <li><a href="#">Biblioteca</a></li>

  ...

</ul>
```

Nota: Para el anidamiento de una lista de navegación, usaremos **class="nav nav-list"** en un **<ul>**.

Divisores horizontales

Añada un divisor horizontal simplemente con un elemento de lista vacío con la clase **.divider**, como vemos a continuación:

```
<ul class="nav nav-list">

...

 <li class="divider"></li>

...

</ul>
```

Navegación tabulable

Puede dar vida a sus fichas con un simple plugin para cambiar entre contenido vía la tabulación. El Bootstrap integra tabuladores en fichas en cuatro estilos, arriba (patrón), derecha, parte inferior, e izquierda.

Ejemplo tabulable

Para hacer fichas tabulables, creamos un **.tab-pan**e con un **id** único para cada ficha y coloque alrededor de ellas un **.tab-content**

Example

Section 1   Section 2   Section 3

I'm in Section 1.

Estoy en la sección 1

```
<div class="tabbable">

 <ul class="nav nav-tabs">

  <li class="active"><a href="#tab1" data-toggle="tab">Sección
1</a></li>
```

```
<li><a href="#tab2" data-toggle="tab">Sección 2</a></li>

</ul>

<div class="tab-content">

<div class="tab-pane active" id="tab1">

  <p>Estoy en la Sección 1</p>

</div>

<div class="tab-pane" id="tab2">

  <p>Hola, estoy en la Sección 2</p>

</div>

</div>

</div>
```

Efecto de desaparecer gradualmente en fichas

Para hacer que las fichas desaparecen gradualmente, añada **.fade** a cada **.tab-pane**.

Requiere el plugin jQuery

Todas las fichas tabulables son alimentados por nuestro plugin del **jQuery**. Lea más sobre cómo traer fichas tabulables en el en la página de documentación de javascript.

Tabulable en cualquier dirección

Tabulación en la parte inferior

Cambiando la orden de los HTML's y modificando una clase, usted colocará las tabulaciones en la parte inferior

Estoy en la Sección A

```html
<div class="tabbable tabs-below">

 <div class="tab-content">

  ...

 </div>

 <ul class="nav nav-tabs">

  ...

 </ul>

</div>
```

Tabulación en la izquierda

Cambie la clase para colocar las tabulaciones en la izquierda

Estoy en la Sección A

```
<div class="tabbable tabs-left">

  <ul class="nav nav-tabs">

    ...

  </ul>

  <div class="tab-content">

    ...

  </div>

</div>
```

Tabulación en la derecha

Cambie la clase para colocar las tabulaciones en la derecha

Estoy en la Sección A

```
<div class="tabbable tabs-right">

  <ul class="nav nav-tabs">

    ...
```

```
    </ul>

    <div class="tab-content">

      ...

    </div>

  </div>
```

Barra de navegación

Navegación básica

Para comenzar, las barras de navegación son estáticas e incluyen soporte para un nombre de proyecto para la navegación básica. Coloquela en cualquier lugar dentro de un .**container**, que especifique una longitud de la web y del contenido

```
Example

 Title    Home    Link    Link
```

```
<div class="navbar">

  <div class="navbar-inner">

    <a class="brand" href="#">Title</a>

    <ul class="nav">

      <li class="active"><a href="#">Home</a></li>

      <li><a href="#">Link</a></li>

      <li><a href="#">Link</a></li>

    </ul>

  </div>

</div>
```

Componentes de la barra de navegación

Marca

Es un link simple para mostrar su marca o nombre del proyecto, requiere sólo una tag de link

Título

1.   <a class="brand" href="#">Nombre del projeto</a>

Links de navegación

Los elementos de navegación son simplemente añadidos vía listas no ordenadas

<ul class="nav">

 <li class="active">

  <a href="#">Inicio</a>

 </li>

 <li><a href="#">Link</a></li>

 <li><a href="#">Link</a></li>

</ul>

Usted puede añadir fácilmente divisores en links de navegación con una lista vacía y añadiendo una clase. Simplemente añada esto entre los links

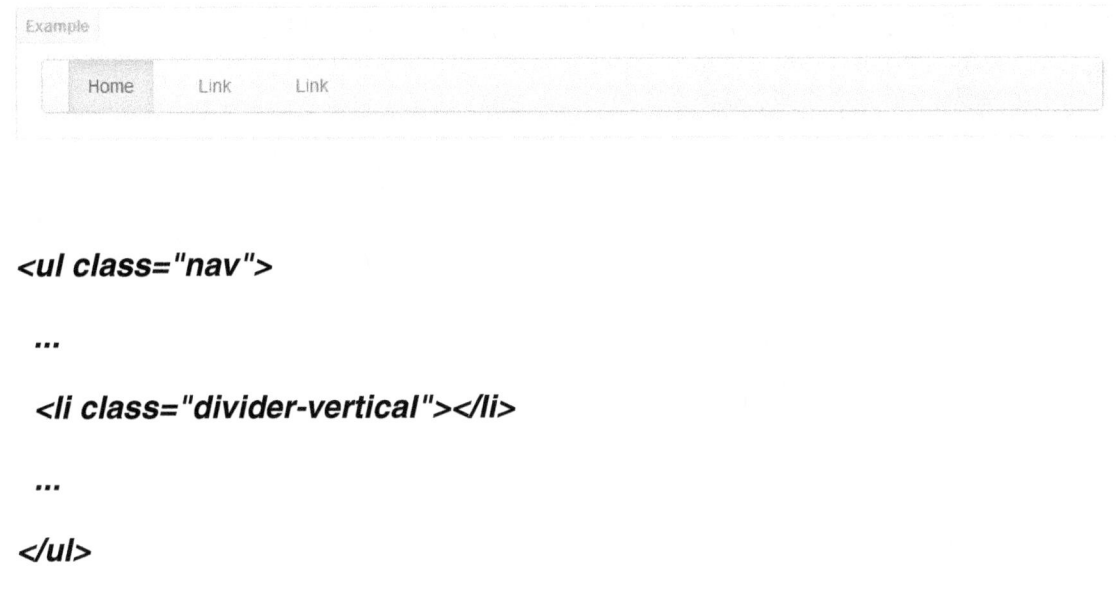

```
<ul class="nav">

  ...

  <li class="divider-vertical"></li>

  ...

</ul>
```

Formularios

Para estilizar y posicionar apropiadamente un formulario dentro de la barra de navegación, añada la clase apropiada como mostramos más abajo. Para un formulario patrón, incluya **.navbar-form** o **.pull-left** o **.pull-right** para alinear

```
<form class="navbar-form pull-left">

  <input type="text" class="span2">

  <button type="submit" class="btn">Enviar</button>

</form>
```

Formulario de búsqueda

Para un formulario personalizado de búsqueda, añada **.navbar-search** para el formulario y **.search-query** para el input para estilos especializados en la barra de navegación

```
<form class="navbar-search pull-left">
  <input type="text" class="search-query" placeholder="Busca">
</form>
```

Alineación del componente

Para alinear links de navegación, formularios de búsqueda, o texto, use el **.pull-left** o **.pull-right**. Ambas clases irán añadirán un **float** en el **CSS** en la dirección especificada

Usando dropdowns

Añada **dropdowns** y **dropups** para la navegación con un poco de marcación y un plugin de dropdowns.

```
<ul class="nav">
  <li class="dropdown">
    <a href="#" class="dropdown-toggle" data-toggle="dropdown">
     Cuenta
      <b class="caret"></b>
    </a>
    <ul class="dropdown-menu">
```

```
...

   </ul>

  </li>

</ul>
```

Visite la documentación del dropdowns javascript

Texto

Colocar alrededor de los strings de texto en un elemento **.navbar-text**, normalmente en una tag **\<p>** para colocar un color adecuadamente

Variaciones opcionales para mostrar

Repare la barra de navegación en el top o en la parte inferior de la ventana del navegador con una clase adicional en la **div** más externa, el **.navbar**.

Fijar en el top

Añada **.navbar-fixed-top** y acuérdese de contar con el área abajo añdiendo al menos 40px de **padding** para **\<thbody>**. Asegúrese de añadir esto en el núcleo del Bootstrap CSS y antes del CSS sensitivo opcional

Título

```
<div class="navbar navbar-fixed-top">

  ...

</div>
```

Fijar en el bottom

En vez de esto, añada **.navbar-fixed-bottom**

Título

```
<div class="navbar navbar-fixed-bottom">

   ...

</div>
```

Navegación del top estático

Cree una barra de navegación de longitud entera que ejecuta **scroll** en la página añadiendo **.navbar-static-top**. Diferente de la clase **.navbar-fixed-top**, usted no necesitará cambiar ningún padding en el body.

Título

```
<div class="navbar navbar-static-top">

   ...

</div>
```

Barra de navegación sensitiva

Para implementar una barra de navegación sensitiva colapsable, coloque alrededor del contenido de la barra de navegación en una **div container**, **.nav-collapse.collapse**, y añada un botón alternador en la barra de navegación, **.btn-navbar**.

Título

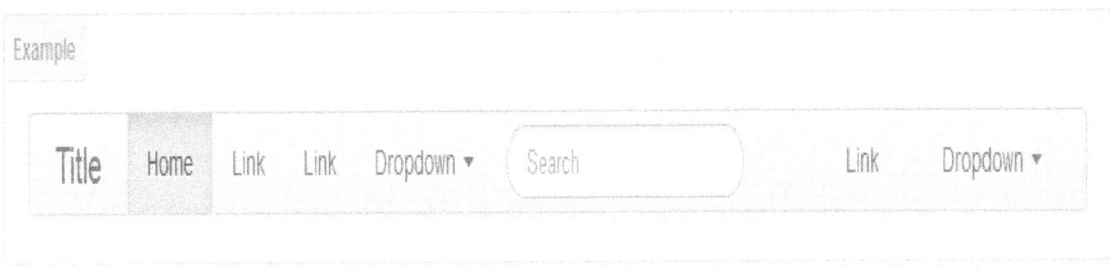

```
<<div class="navbar">

 <div class="navbar-inner">

  <div class="container">


    <!-- .btn-navbar es usado como alternador para el contenido de la
barra de navegación colapsable -->

    <a class="btn btn-navbar" data-toggle="collapse" data-target=".nav-
collapse">

      <span class="icon-bar"></span>

      <span class="icon-bar"></span>

      <span class="icon-bar"></span>

    </a>


      <a class="brand" href="#">Nombre del proyeto</a>


    <!—todo lo que usted quiera escondido en 940px o menos, lo
colocará aquí -->
```

```
<div class="nav-collapse">

  <!-- .nav, .navbar-search, .navbar-form, etc -->

  </div>



    </div>

  </div>

</div>
```

Atención! La navbar sensitiv necesita colapsar el plugin y el archivo sensitivo de Bootstrap CSS.

Variación invertida

Modifique la apariencia de la barra de navegación añadiendo una clase **.navbar-inverse**.

Título

```
<div class="navbar navbar-inverse">

  ...

</div>
```

Breadcrumbs

Ejemplos

Un único ejemplo muestra como puede ser mostrado entre múltiples páginas

Example

Home

Home / Library

Home / Library / Data

```
<ul class="breadcrumb">

  <li><a href="#">Inicio</a> <span class="divider">/</span></li>

  <li><a href="#">Biblioteca</a> <span class="divider">/</span></li>

  <li class="active">Dados</li>

</ul>
```

Paginación. Dos opciones para paginar el contenido

Paginación patrón

La Paginación simple inspirado por el Rdio, es óptima para la aplicación y los resultados de búsqueda. El bloque mayor es difícil de perder, es fácilmente escalable, y provee de grandes áreas de clic

Example

« 1 2 3 4 5 »

```
<div class="pagination">
 <ul>
  <li><a href="#">Anterior</a></li>
  <li><a href="#">1</a></li>
  <li><a href="#">2</a></li>
  <li><a href="#">3</a></li>
  <li><a href="#">4</a></li>
  <li><a href="#">Siguiente</a></li>
 </ul>
</div>
```

Opciones

Deshabilitar y activar estados

Los Links son personalizados en diferentes circunstancias. Use **.disabled** para los links no clicables y **.active** para indicar una página corriente

Example

« 1 2 3 4 5 »

```
<div class="pagination ">

  <ul>

    <li class="disabled"><a href="#">Anterior</a></li>

    <li class="active"><a href="#">1</a></li>

    ...

  </ul>

</div>
```

Tamaños

Elegimos una paginación grande o pequeña? Añadimos .**pagination-large,**
.**pagination-small**, o .**pagination-mini** para tamaños adicionales.

```
<div class="pagination pagination-large">

  <ul>

    ...

  </ul>

</div>

<div class="pagination">

  <ul>

    ...

  </ul>

</div>
```

```
<div class="pagination pagination-small">

 <ul>

  ...

  </ul>

</div>

<div class="pagination pagination-mini">

 <ul>

  ...

  </ul>

</div>
```

Alineación

Añada una o dos clases opcionales para modificar la alineación de los links de
paginación: **.pagination-centered** y **.pagination-right**.

Example

« 1 2 3 4 5 »

```
<div class="pagination pagination-centered">

 ...

</div>
```

« 1 2 3 4 5 »

```
<div class="pagination pagination-right">

 ...

</div>
```

Paginador

Los links de **siguiente** y **anterior** se usan para la implementación de paginaciones simples con marcación y estilos leves. Son óptimos para webs simples como blogs o revistas digitales

Ejemplo patrón

Por defecto, el paginador centraliza los links

Previous Next

```
<ul class="pager">

  <li><a href="#">Anterior</a></li>

  <li><a href="#">Siguiente</a></li>
```

</ul>

Links alineados

Alternativamente, usted puede alinear cada link en sus lados

<ul class="pager">

  <li class="previous">

   <a href="#">← Más antiguos</a>

  </li>

  <li class="next">

   <a href="#">Más nuevos →</a>

  </li>

</ul>

Estado de opcional deshabilitado

Los links de paginación también usan la clase utilitaria **.disabled** para la paginación.

```html
<ul class="pager">
  <li class="previous disabled">
    <a href="#">&larr; Más antiguos</a>
  </li>
  ...
</ul>
```

Etiquetas y Emblemas

Labels (etiquetas)

Labels	Markup
Default	`<span class="label">Default</span>`
Success	`<span class="label label-success">Success</span>`
Warning	`<span class="label label-warning">Warning</span>`
Important	`<span class="label label-important">Important</span>`
Info	`<span class="label label-info">Info</span>`
Inverse	`<span class="label label-inverse">Inverse</span>`

Traducimos:

Labels(etiquetas)	Marcación
patrón	`<span class="label">patrón</span>`
Éxito	`<span class="label label-success">Éxito</span>`
Aviso	`<span class="label label-warning">Aviso</span>`
Importante	`<span class="label label-important">Importante</span>`
Informaciones	`<span class="label label-info">Informaciones</span>`
Inverso	`<span class="label label-inverse">Inverso</span>`

Badges

Name	Example	Markup
Default	1	`<span class="badge">1</span>`
Success	2	`<span class="badge badge-success">2</span>`
Warning	4	`<span class="badge badge-warning">4</span>`
Important	6	`<span class="badge badge-important">6</span>`
Info	8	`<span class="badge badge-info">8</span>`
Inverse	10	`<span class="badge badge-inverse">10</span>`

Traducimos:

Nombre	Ejemplo	Marcación
patrón	1	`<span class="badge">1</span>`
Éxito	2	`<span class="*badge badge-success">2</span>`
Aviso	4	`<span class="*badge badge-warning">4</span>`
Importante	6	`<span class="*badge badge-important">6</span>`
Informaciones	8	`<span class="badge badge-info">8</span>`
Inverso	10	`<span class="badge badge-inverse">10</span>`

Componentes tipográficos

Unidad héroe

Es un componente flexible y leve de **showcase**. Funciona bien para las webs de marketing y de contenido pesado

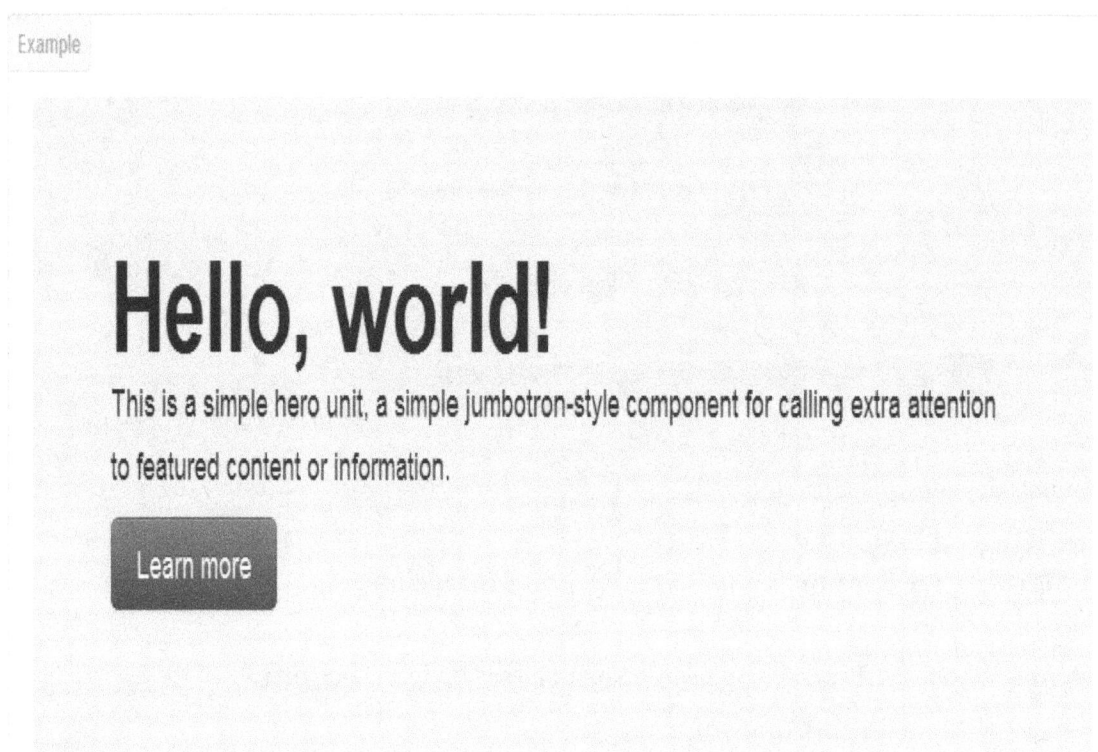

```
<div class="hero-unit">

  <h1>Encabezado</h1>

  <p>Linea de tag</p>

  <p>

    <a class="btn btn-primary btn-large">

      Aprenda Más

    </a>

  </p>

</div>
```

Encabezado de página

Use una simple **h1** para dar un espacio adecuado en las secciones segmentadas del contenido en una página. Es posible utilizar el patrón **h1** con **small**, el elemento en sí más otros componentes (con estilos adicionales).

Example page header Subtext for header

```
<div class="page-header">
  <h1>Ejemplo de Encabezado de página</h1>
</div>
```

Imágenes miniaturas (Grid de imágenes, videos, texto y más)

Miniaturas (thumbnails)

Por defecto, los thumbnails del Bootstrap son diseñados para ser mostrados en imágenes con links con el mínimo de marcado posible.

Altamente personalizable

Con un poco de más de marcado, es posible añadir cualquier tipo de contenido html, como encabezados, párrafos, o incluso botones en las miniaturas

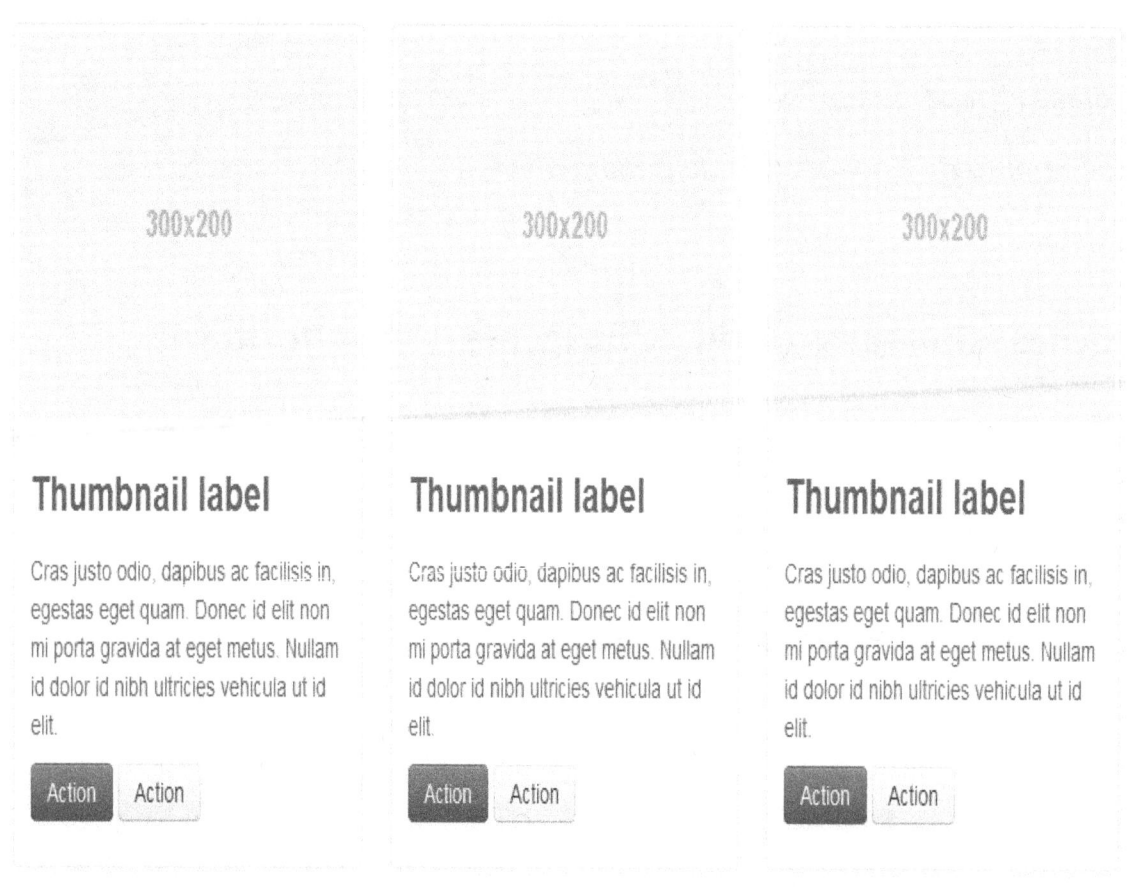

Por qué usar miniaturas

Las miniaturas (previamente **.media-grid** hasta la versión 1.4) son óptimos para grids de fotos o de vídeos, imágenes en resultados de búsqueda, detalles de productos, portfolios y mucho más. Estos pueden ser links o contenido estático

Marcación simple y flexible

La marcación de la miniatura es simplemente una **<ul>** con cualquier número de elementos **<li>**. También es super flexible, permitiendo cualquier tipo de contenido con un poco más de marcado para colocar en su contenido

Use tamaño para las columnas del grid

Por último, los componentes de miniatura usan el grid ya existente, como **.span2** o **.span3**, para controlar las dimensiones de la miniatura.

Marcación

Como he mencionado antes, la marcación necesaria para las miniaturas es leve y directa. Eche un vistazo a la configuración por defecto para las **imágenes linkadas**

```
<ul class="thumbnails">
 <li class="span4">
  <a href="#" class="thumbnail">
   <img src="http://placehold.it/300x200" alt="">
  </a>
 </li>
 ...
</ul>
```

Para el contenido personalizado en las miniaturas, la marcación cambia un poco. Para permitir elementos bloque en cualquier lugar, nosotros intercambiamos la tag **<a >** a una **<div>**, así:

```
<ul class="thumbnails">

  <li class="span4">

    <div class="thumbnail">

      <img src="http://placehold.it/300x200" alt="">

      <h3>Etiqueta para la miniatura</h3>

      <p>Texto de la miniatura...</p>

    </div>

  </li>

  ...

</ul>
```

Más ejemplos

Explore todas opciones con las diferentes clases del grid que hay disponibles para usted. También puede mezclar y encajar diferentes tamaños.

Alertas. Estilos para éxito, advertencia, y mensajes de error

Alerta

Coloque cualquier texto alrededor de un botón de cerrar un **.alert** para un mensaje de alerta básico

Example

Warning! Best check yo self, you're not looking too good.   X

```
<div class="alert">

  <button type="button" class="close" data-dismiss="alert">x</button>

  <strong>Advertencia!</strong> Revise usted esto por si no está bien

</div>
```

Resultado: **Advertencia!** Revise usted esto por si no está bien

Botones de cerrar

Los navegadores mobile y opera, con complemento al atributo **data-dismiss="alert"**, requiere un **href="#"** para las alertas cuando usando una tag **\<a>**

1.   \<a href="#" class="close" data-dismiss="alert">x\</a>

Alternativamente, puede usar un elemento **\<button>** con el atributo fecha, como nosotros optamos para hacer en nuestra documentación. Cuando usamos **\<button>**, deberemos incluir **type="button"** o su formulario puede no ser enviado

1.   **\<button type="button" class="close" data-dismiss="alert">x\</button>**

Alertas vía javascript

Use un **alerts jQuery plugin** para cerrar alertas rápidamente.

Opciones

Para mensajes largos, aumente el padding en el top y en el bottom de la alerta añadiendo alrededor **.alert-block**.

Example

Warning!
Best check yo self, you're not looking too good. Nulla vitae elit libero, a pharetra augue. Praesent commodo cursus magna, vel scelerisque nisl consectetur et.

```
<div class="alert alert-block">

  <button type="button" class="close" data-dismiss="alert">x</button>

  <h4>Advertencia!</h4>

Best check yo self, you're not looking too good. Nulla vitae elit libero, a pharetra augue. Praesent commodo cursus magna, vel scelerisque nisl consectetur et. </div>
```

Alternativas contextuales

Podemos añadir clases opcionales para cambiar el contexto de las alertas

Error o peligro

Example

Oh snap! Change a few things up and try submitting again.

Oh spnap! Cambie algunas cosas y envíe nuevamente

```
<div class="alert alert-error">

 ...

</div>
```

Éxito

Muy bien Usted leyó este mensaje importante con éxito

Example

Well done! You successfully read this important alert message.   X

```
<div class="alert alert-success">

 ...

</div>
```

Información

Atención! Este alerta necesita de su atención, pero no es el más importante

Example

Heads up! This alert needs your attention. but it's not super important.   X

```
<div class="alert alert-info">

 ...

</div>
```

Barra de progreso. Para carga, redirecionamento, o acción de status

Ejemplos y marcación

Básico

Example

Barra de progreso por defecto con un gradiente vertical

```
<div class="progress">

 <div class="bar" style="width: 60%;"></div>

</div>
```

Cebrada

Use un gradiente para crear un efecto de cebra. No disponible en el **IE7-8**.

Example

```
<div class="progress progress-striped">
  <div class="bar" style="width: 20%;"></div>
</div>
```

Animado

Añada un **.active** al **.progress-striped** para animar la cebra de la izquierda hacia la derecha. No disponible en todas versiones del **IE**

```
<div class="progress progress-striped active">
  <div class="bar" style="width: 40%;"></div>
</div>
```

Stacked

Fija múltiples barras de progreso en el mismo stack.

```
<div class="progress">
  <div class="bar bar-success" style="width: 35%;"></div>
  <div class="bar bar-warning" style="width: 20%;"></div>
```

```
    <div class="bar bar-danger" style="width: 10%;"></div>
</div>
```

Opciones

Colores adicionales

Use algunas de las clases de botones y alertas para estilos consistentes para las b arras de progreso.

```
<div class="progress progress-info">
  <div class="bar" style="width: 20%"></div>
</div>
<div class="progress progress-success">
  <div class="bar" style="width: 40%"></div>
</div>
<div class="progress progress-warning">
  <div class="bar" style="width: 60%"></div>
</div>
<div class="progress progress-danger">
  <div class="bar" style="width: 80%"></div>
```

```
</div>
```

Barras Cebradas

Similar a los colores sólidos, nosotros cebramos las barras de progreso

```
<div class="progress progress-info progress-striped">

  <div class="bar" style="width: 20%"></div>

</div>

<div class="progress progress-success progress-striped">

  <div class="bar" style="width: 40%"></div>

</div>

<div class="progress progress-warning progress-striped">

  <div class="bar" style="width: 60%"></div>

</div>

<div class="progress progress-danger progress-striped">

  <div class="bar" style="width: 80%"></div>

</div>
```

Soporte al Navegador

La barra de progreso usa gradientes **CSS3**, transiciones, y las animaciones son obtenidas con todos sus efectos. Estas funcionalidades no son soportadas en el **IE7-9** o versiones más antiguas de Firefox.

Objeto Media

Los estilos de los objetos abstractos son construidos por varios tipos de compontentes (como blogs, comentarios, tweets, etc) que caracterizan el alineamiento de la imagen a la izquierda o derecha en un contenido textual.

Ejemplo por defecto

Por defecto la meida permite objeto media (imágenes, video, audio) flotar a la izquierda o derecha del bloque del contenido.

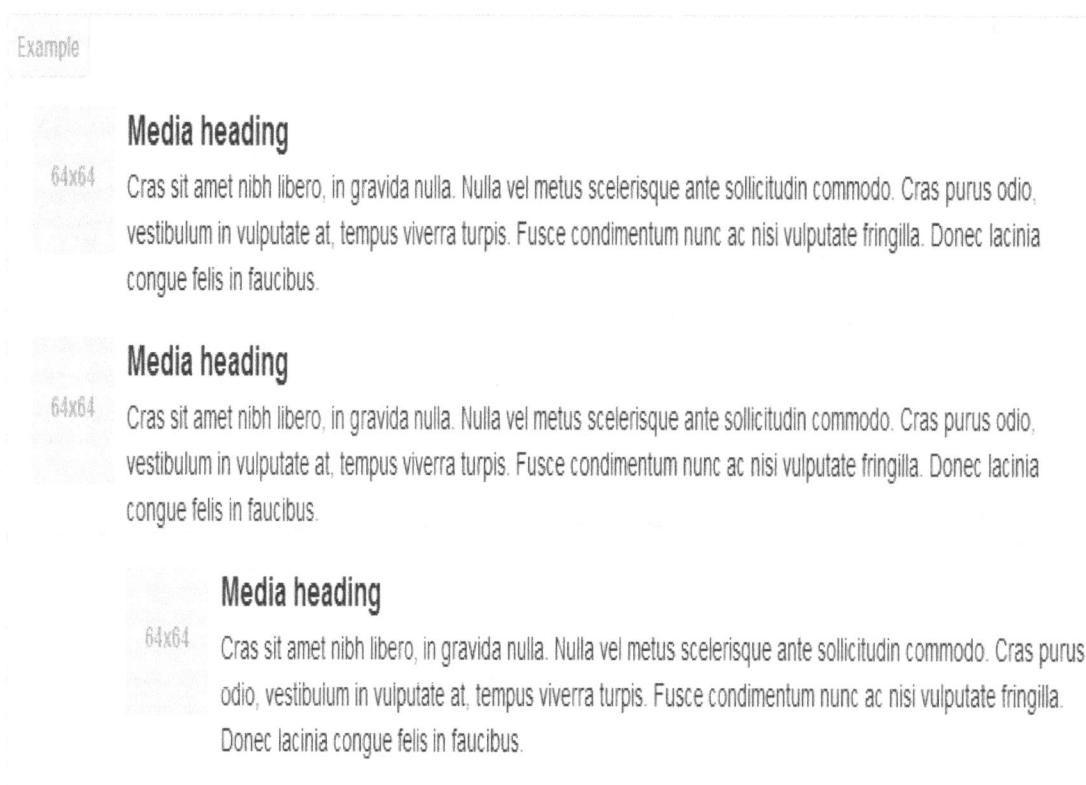

```
<div class="media">

 <a class="pull-left" href="#">
```

```html
    <img class="media-object" data-src="holder.js/64x64">
</a>
<div class="media-body">
  <h4 class="media-heading">Media heading</h4>
  ...

  <!-- Nested media object -->
  <div class="media">
    ...
  </div>
 </div>
</div>
```

Media List

Con un poco de marcado extra, podemos usar la lista de media, muy usable para hilos de comentarios o listas de artículos.

Media heading

Cras sit amet nibh libero, in gravida nulla. Nulla vel metus scelerisque ante sollicitudin commodo. Cras purus odio, vestibulum in vulputate at, tempus viverra turpis.

Nested media heading

Cras sit amet nibh libero, in gravida nulla. Nulla vel metus scelerisque ante sollicitudin commodo. Cras purus odio, vestibulum in vulputate at, tempus viverra turpis.

Nested media heading

Cras sit amet nibh libero, in gravida nulla. Nulla vel metus scelerisque ante sollicitudin commodo. Cras purus odio, vestibulum in vulputate at, tempus viverra turpis.

Nested media heading

Cras sit amet nibh libero, in gravida nulla. Nulla vel metus scelerisque ante sollicitudin commodo. Cras purus odio, vestibulum in vulputate at, tempus viverra turpis.

Media heading

Cras sit amet nibh libero, in gravida nulla. Nulla vel metus scelerisque ante sollicitudin commodo. Cras purus odio, vestibulum in vulputate at, tempus viverra turpis.

```
<ul class="media-list">

 <li class="media">

  <a class="pull-left" href="#">

   <img class="media-object" data-src="holder.js/64x64">

  </a>

  <div class="media-body">

   <h4 class="media-heading">Media heading</h4>

   ...


   <!-- Nested media object -->

   <div class="media">

    ...
```

```
            </div>

            </div>

        </li>

    </ul>
```

Las Versiones anteriores al Internet Explorer 10 y Opera 12 no soportan animación

Miscellaneous. Componentes utilitarios ligeros

Wells

Use el well como un efecto simple en un elemento para dar un efecto de superposición

Example

Look, I'm in a well!

Hola, Yo soy un well!

```
<div class="well">

 ...

</div>
```

Clases opcionales

Controlando el padding y los bordes redondeados con dos clases opcionales modificables

Example

Look, I'm in a well!

Hola, Yo soy un well!

```
<div class="*well well-large">

 ...
```

</div>

Hola, Yo soy un well!

<div class="well well-small">

...

</div>

Icono de cerrar

Use una clase **close** genérica para rechazar el contenido como modales y alertas

1.   <button class="*close">&equipos;</button>

Los dispositivos **iOS** requieren un **href="#"** para eventos de clic si usted los usa preferentemente como ancla

1.   <la class="*close" *href="#">&equipos;</a>

Clases de ayuda

Son clases simples orientadas para pantallas más pequeñas

.pull-left

Flotar un elemento la izquierda

class="pull-left"

.pull-left {

* float: left;*

}

.pull-right

Flotar un elemento en la derecha

class="pull-right"

.pull-right {

* float: right;*

}

.muted

Cambiar un color del elemento a #999

class="muted"

.muted {

* color: #999;*

}

.clearfix

Aplique un clear en el float en cualquier elemento

class="clearfix"

.clearfix {

```
*zoom: 1;

&:before,

&:after {

  display: table;

  content: "";

}

&:after {

  clear: both;

}

}
```

Volver al top

Desarrollado con todo amor en el mundo @twitter por @mdo y @fat .

Javascript para el Bootstrap

Veamos 13 plugins de jQuery personalizados

- General

- Transiciones

- Modal

- dropdown

- Scrollspy

- tab

- Tooltip

- Popover

- Alertas

- Botones

- Colapsables

- Carrusel

- typehead

- Affix

Javascript para el Bootstrap

Individual o compilado

Si usted hizo download de la última versión del Bootstrap, ambos **bootstrap.js** y **bootstrap.min.js** contiene todos plugins listados en esta página.

Atributos Data

Usted puede usar todos plugins del bootstrap a través de la **API** en la marcación sin escribir una única línea de JavaScript. Esta es la primera clase de la API del bootstrap y debe ser considerada cuando se usa un plugin.

Dicho esto, en algunas situaciones puede ser descansosejable desconectar esta funcionalidad. Para esto, nosotros también podemos probar la habilidad de desactivar los atributos **data** que desanexan todos los eventos en el cuerpo con el espacio de nombres (namespace) de `data-api`. Y quedaría así:

1. $('body').off('.data-api')

Alternativamente, para un plugin específico, simplemente incluya el nombre del plugin como un espacio de nombres en el espacio de nombres del **data-api**, así:

1.   **$('body').off('.alert.data-api')**

API programática

Nosotros también creemos que deberíamos de ser capaces de usar todos los plugins del bootstrap a través de la **API Javascript**. Todas las API's públicas son únicas, con métodos encadenables, y retornar la colección que fue aplicada

1. $(".btn.danger").button("toggle").addClass("fat")

Todos métodos deben aceptar un objeto de opciones adicionales, en un string que direcciona a un método particular, o a nada (que se inicia con el comportamiento por defecto):

$("#myModal").modal()   *// inicializa con patrones*

$("#myModal").modal({ keyboard: false })   *// inicializa sin teclado*

$("#myModal").modal('show')   *// inicializa e invoca mostrar inmediatamente*

Cada plugin también expone su constructor en una propiedad "**Constructor**": **$.fn.popover.Constructor.** Si usted desea obtener una instancia particular de un plugin, obténgala directamente de un elemento: **$('[rel=popover]').data('popover').**

Eventos

El bootstrap provee de eventos personalizados para las acciones únicas de los plugins. Generalmente, estos vienne en la forma infinitiva y del pasado de participio, donde el infinitvo (p.ej. show) es lanzado en el inicio del evento, y el pasado de participio (p.ej. shown) es lanzado cuando la acción es completada

Todos eventos infinitivos proveen la funcionalidad de **preventDefault**. Esto provee la habilidad de parar la ejecución de una acción antes aún de comenzar esta .

```
$('#myModal').on('show', function (e) {

    if (!data) return e.preventDefault() // para el modal desde el infinitivo
de shown

    })
```

Transiciones. bootstrap-transition.js

Sobre las transiciones

Para efectos simples de transición, incluya **bootstrap-transition.js** una vez, antes de otros archivos **js**. Si está usando una versión simplificada del **bootstrap.js**, no hay necesidad de incluirla, ya que ya está incorporada.

Casos de uso

Algunos ejemplos del plugin de transición

- Deslizando o aplicando efecto fade en modales

- Fade out en fichas

- Fade out en alertas

- Deslizando por paneles de carrusel

Modales. bootstrap-modal.js

Ejemplos

Los Modales son simplificados, pero son diálogos flexibles que requieren el mínimo de funcionalidad y patrones inteligentes

Ejemplo estático

Un modal renderiza un encabezado, cuerpo, y una colección de acciones en el footer

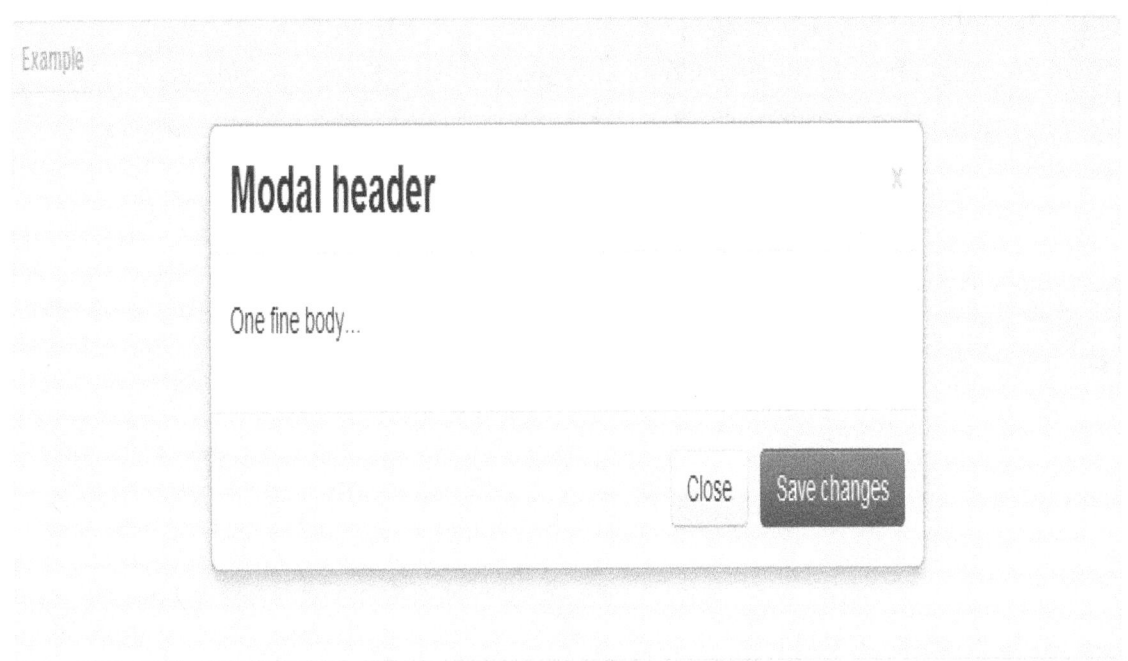

```
<div class="modal hide fade">

  <div class="modal-header">

    <button type="button" class="close" data-dismiss="modal" aria-
hidden="true">&times;</button>

    <h3>Encabezado del modal</h3>

  </div>

  <div class="modal-body">

    <p>Un cuerpo fino...</p>

  </div>
```

```
<div class="modal-footer">

  <a href="#" class="btn">Fecha</a>

  <a href="#" class="btn btn-primary">Guardar cambios</a>

</div>

</div>
```

Demo en vivo

Alterne un modal vía JavaScript clicando en el botón de abajo. Esto descenderá deslizando y apareciendo al frente del top de la página

```
Example

Launch demo modal
```

Ejecutar modal de demo

```
<-- Button to trigger modal -->

<a href="#myModal" role="button" class="btn" data-toggle="modal">Ejecutar modal de demo</a>


<-- Modal -->

<div class="modal" id="myModal" tabindex="-1" role="dialog" aria-labelledby="myModalLabel" aria-hidden="true">

  <div class="modal-header">

    <button type="button" class="close" data-dismiss="modal" aria-hidden="true">x</button>

    <h3 id="myModalLabel">Modal header</h3>

  </div>
```

```html
<div class="modal-body">

<p>Un cuerpo fino...</p>

</div>

<div class="modal-footer">

<button class="btn" data-dismiss="modal" aria-hidden="true">Fecha</button>

<button class="btn btn-primary">Guardar cambios</button>

</div>

</div>
```

Uso

Vía atributos fecha

Active un modal sin JavaScript. Escoja **data-toggle="modal"** en un elemento de control, como un botón, con una **data-target="#foo"** o **href="#foo"** para especificar un modal cambiado.

1. **<button type="button" data-toggle="modal" data-target="#myModal">Launch modal</button>**

Vía Javascript

Llame un modal con **id myModal** con una única línea de javascript

1. **$('#myModal').modal(options)**

Opciones

Opciones pueden ser pasadas vía atributos fecha o *JavaScript. Para atributos fecha, inserte el nombre de la opción para fecha-, o como fecha-*backdrop="".

Nombre	Tipo	patrón	Descripción

Nombre	Tipo	patrón	Descripción
Backdrop	boleano	verdadero	Incluye una cortina de fondo para el modal, alternativamente, especifique **static** para no cerrar el modal con el clic
Keyboard	boleano	verdadero	Cierra el modal cuando **esc** es presionado
show	boleano	verdadero	muestra el modal cuando **inicializado**
Remote	path	falso	Si una url remota es provista, el contenido será cargado vía **jQuery** por el método **load** e insertado dentro del **.modal-body**. Si usted está usando la API en los atributos fecha, usted puede alternativamente usar el atributo **href** para especificar una fuente remota. Un ejemplo: 1. <a data-toggle="modal" href="remote.html" data-target="#modal">click me</a>

Métodos

.modal(opciones)

Activa su contenido como modal. Acepta un objeto de opciones object

```
$('#myModal').modal({
  keyboard: false
})
```

.modal('toggle')

Alternar manualmente en un modal

1. $('#myModal').modal('toggle')

.modal('show')

Abrir manualmente un modal

1. $('#myModal').modal('show')

.modal('*hide')

Esconder manualmente un modal

1. $('#myModal').modal('hide')

Eventos

La clase del bootstrap modal expone algunos eventos para una funcionalidad de modal

Evento	Descripción
show	Este evento se dispara inmediatamente cuando el método show es llamado
shown	Este evento es accionado cuando el modal queda visible para el usuario (espera hasta la transición CSS para estar completa).
hide	Este evento es disparado inmediatamente cuando el método de instancia **hide** es llamado
hidden	Este evento es disparado cuando el modal dejó de quedar escondido para el usuario (espera a completar la transición CSS)

```
$('#myModal').on('hidden', function () {

  // hacemos algo

})
```

Dropdowns. bootstrap-dropdown.js

Ejemplos

Añada menús dropdown en cualquier cosa con este plugin, incluyendo barra de navegación, fichas y píldoras

Sin barra de navegación

Con tabuladores

Uso

Vía atributos fecha

Añada **data-toggle="dropdown"** en un link o botón para hacerlo un dropdown

```
<div class="dropdown">

  <a class="dropdown-toggle" data-toggle="dropdown"
href="#">Dropdown trigger</a>
```

```
<ul class="dropdown-menu" role="menu" aria-labelledby="dLabel">

  ...

</ul>

</div>
```

Para mantener las urls intactas, use el atributo **data-target** en vez de **href="#"**.

```
<div class="dropdown">

  <a class="dropdown-toggle" id="dLabel" role="button" data-toggle="dropdown" data-target="#" href="/page.html">

    Dropdown

    <b class="caret"></b>

  </a>

  <ul class="dropdown-menu" role="menu" aria-labelledby="dLabel">

    ...

  </ul>

</div>
```

Vía Javascript

Llame el dropdown vía JavaScript

1. $('.dropdown-toggle').dropdown()

<u>Opciones</u>

Ninguno

<u>Métodos</u>

$().dropdown()

La Api programática activa menús para una barra de navegación o navegación en fichas

ScrollSpy. bootstrap-scrollspy.js

Ejemplo en la barra de navegación

El plugin de **ScrollSpy** es para actualizar automáticamente objetivos de navegación basados en la posición del **scroll**. Realice un scroll en la barra de navegación abajo para activar el cambio de la clase. Los subelementos del dropdown serán destacados también.

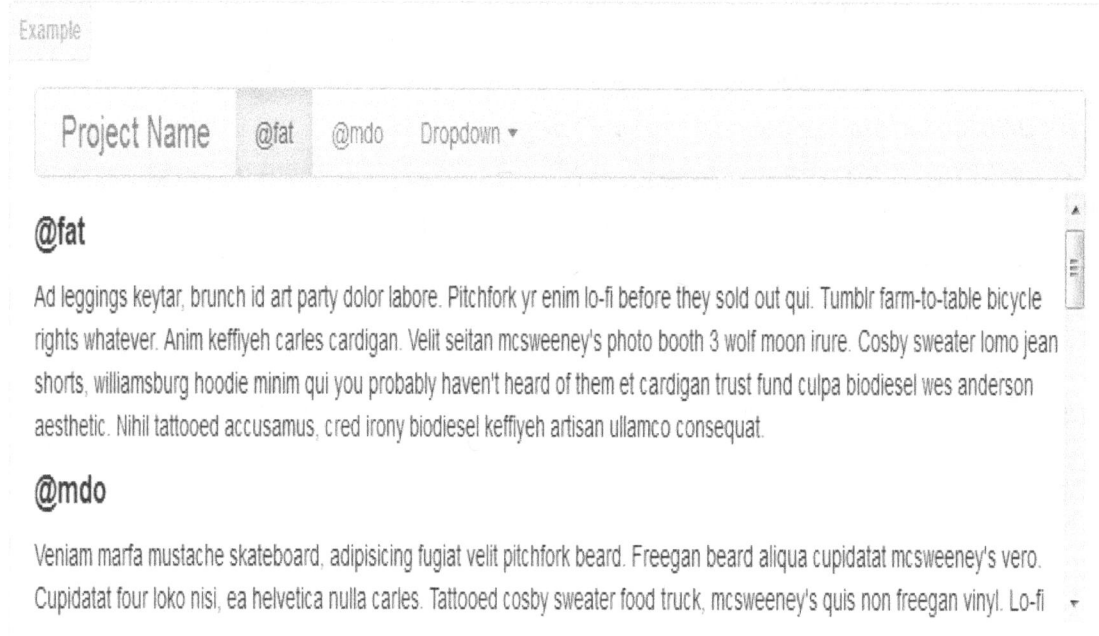

Uso

Vía atributos fecha

Para añadir fácilmente el **scrollspy** en su navegación, simplemente añada **data-spy="scroll"** al elemento que usted quiere espiar (más típicamente sería el cuerpo) y **data-target=".navbar"** para seleccionar que navegación usar. Usted puede usar el **scrollspy** dentro de un componente **.nav**

1.   `<body data-spy="scroll" data-target=".navbar">...</body>`

Vía Javascript

Llame el scrollspy vía JavaScript:

1. $('#navbar').scrollspy()

Atención! Los links de las barras de navegación necesitan tener ids precisos. Por ejemplo, uno **<a href="#home">**home**</a >** debe corresponder a algo en el DOM como **<div id="home"></div>**.

Métodos

.scrollspy('refresh')

Cuando use scrollspy conjuntamente añadiendo o eliminando elementos en el DOM, usted necesitará llamar el método **refresh**, así:

```
$('[data-*spy="scroll"]').each(function () {
  var $spy = $(this).scrollspy('refresh')
});
```

Opciones

Opciones pueden ser pasadas vía atributos **data** o por **JavaScript**. Para los atributos data, inserte la opción al **data-**, así como **data-offset=""**.

Nombre	Tipo	patrón	Descripción
offset	número	10	pixels de offset del top cuando calcula la posición con scroll

Evento	Descripción
activate	Este se evento dispara mientras el nuevo elemento se hace activo con el scrollspy

Tabs alternas. bootstrap-tab.js

Ejemplo de fichas

Añada rápidamente, una funcionalidad de ficha dinámica para realizar una transición a través de paneles de contenido local, incluso vía menús **dropdown**

Example

Home   Profile   Dropdown ▼

Raw denim you probably haven't heard of them jean shorts Austin. Nesciunt tofu stumptown aliqua, retro synth master cleanse. Mustache cliche tempor, williamsburg carles vegan helvetica. Reprehenderit butcher retro keffiyeh dreamcatcher synth. Cosby sweater eu banh mi, qui irure terry richardson ex squid. Aliquip placeat salvia cillum iphone. Seitan aliquip quis cardigan american apparel, butcher voluptate nisi qui.

Uso

Habilite fichas tabulables vía JavaScript (cada ficha necesita ser activada individualmente):

```
$('#myTab a').click(function (e) {
  e.preventDefault();
  $(this).tab('show');
})
```

Usted puede activar fichas individuales de diferentes formas

```
$('#myTab a[href="#profile"]').tab('show'); // selecciona tab por nombre

$('#myTab a:first').tab('show'); // selecciona la primera tab

$('#myTab a:last').tab('show'); // selecciona la última tab

$('#myTab li:eq(2) a').tab('show'); // selecciona la tercera tab
```

Marcación

Usted puede activar una ficha o una píldora de navegación sin escribir ningún JavaScript, simplemente especificando un **data-toggle="tab"** o un **data-toggle="pill"** en un elemento. Añadiendo las clases **nav** y un **nav-tabs** para la ficha **<ul>** aplicará el estilo de ficha del bootstrap

```
<ul class="nav nav-tabs">

  <li><a href="#home" data-toggle="tab">Inicio</a></li>

  <li><a href="#profile" data-toggle="tab">Perfil</a></li>

  <li><a href="#messages" data-toggle="tab">Mensajes</a></li>

  <li><a href="#settings" data-toggle="tab">Configuraciones</a></li>

</ul>
```

Métodos

$().tab

Activar al elemento ficha y el contenedor de contenido. Las fichas deberían tener un **data-target** o un **href** en él de contenido en el DOM

```
<ul class="nav nav-tabs" id="myTab">

  <li class="active"><a href="#home">Início</a></li>
```

```
<li><a href="#profile">Perfil</a></li>

<li><a href="#messages">Mensajes</a></li>

<li><a href="#settings">Configuraciones</a></li>

</ul>


<div class="tab-content">

  <div class="tab-pane active" id="home">...</div>

  <div class="tab-pane" id="profile">...</div>

  <div class="tab-pane" id="messages">...</div>

  <div class="tab-pane" id="settings">...</div>

</div>


<script>

  $(function () {

    $('#myTab a:last').tab('show');

  })

</script>
```

Eventos

Evento	Descripción
show	Este evento es disparado cuando la tab está siendo mostrada, pero antes de ser mostrada. Use **event.target** y e**vent.relatedTarget** para la tab activa y la anterior (si está disponible) respectivamente.
shown	Este evento muestra la tab pero después de que esta haya sido toda renderizada. Use **event.target** y

Evento	Descripción
	event.relatedTarget para tener la tab activa y la previamente activa (si está disponible) respectivamente.

```
$('a[data-toggle="tab"]').on('shown', function (e) {

  e.target // tab activada

  e.relatedTarget // tab previa

})
```

Tooltip. bootstrap-tooltip.js

Ejemplos

Inspirado por el excelente plugin **jQuery.tips** y escrito por Jason Frame; Tooltips es una versión actualizada, que no cuenta con imágenes, usa CSS3 para las animaciones, y los atributos data para el almacenamiento local.

Example

Tight pants next level keffiyeh you probably haven't heard of them. Photo booth beard raw denim letterpress vegan messenger bag stumptown. Farm-to-table seitan, mcsweeney's fixie sustainable quinoa 8-bit american apparel have a terry richardson vinyl chambray. Beard stumptown, cardigans banh mi lomo thundercats. Tofu biodiesel williamsburg marfa, four loko mcsweeney's cleanse vegan chambray. A really ironic artisan whatever keytar, scenester farm-to-table banksy Austin twitter handle freegan cred raw denim single-origin coffee viral.

Cuatro direcciones

Example

Tooltip on top   Tooltip on right   Tooltip on bottom   Tooltip on left

Uso

Lance un Tooltip vía JavaScript

1. $('#example').Tooltip(opciones)

Opciones

Las opciones pueden ser pasadas vía atributos data o JavaScript. Para atributos data, inserte la opción de nombre **data**-, como en **data-animation=""**.

Nombre	Tipo	patrón	Descripción
animation	boleano	true	aplicar una transición de **fade** CSS para el Tooltip
html	boleano	true	Inserte html en el Tooltip. Si huebiera escogido false, el método de **jQuery text** usará el contenido insertado dentro del DOM. Use el texto si usted está preocupado con los ataques tipo XSS
placement	string|function	'top'	posiciona el Tooltip - **top | bottom | left | right**
selector	string	false	si un selector está disponible, los objetos de Tooltips serán

Nombre	Tipo	patrón	Descripción
			delegados a los elementos especificados
tittle	string | function	''	El título patrón es `title` si la tag title no esté presente
trigger	string	'hover'	El Tooltip es disparado - **clic | hover | focus | manual**
			Un intervalo que muestra y esconde el Tooltip (**ms**) - no aplica un tipo de disparo de evento
delay	number | object	0	Si se suministra un número, el **delay** es aplicado en el mostrar/ocultar
			La estructura del objeto es: delay: { show: 500, hide: 100 }

Atención! Las opciones para Tooltips individuales pueden alternativamente ser especificadas usando atributos data

Marcación

Por razones de rendimiento, las APIs de datos del Tooltip y pop over son opcionales. Para usarlos simplemente especifique una opción de selector

1.   <a href="#" rel="tooltip" title="primeiro tooltip">pase el ratón sobre mí</a>

Métodos

$().Tooltip(opciones)

Anexiona un handler de Tooltip para una colección de elementos

.Tooltip('show')

Muestra un elemento Tooltip

1. $('#element').Tooltip('show')

.Tooltip('hide')

Oculta un elemento Tooltip

1. $('#element').Tooltip('hide')

.Tooltip('toggle')

Cambia un elemento Tooltip

1. $('#element').Tooltip('toggle')

.Tooltip('destroy')

Oculta y destruye Tooltips de elementos

1. $('#element').Tooltip('destroy')

Popovers. bootstrap-popover.js

Ejemplos

Añada un pequeño **overlay** de contenido, como aquellos del iPad, para cualquier elemento para guardar información secundaria. Pase el ratón sobre el botón para disparar el **popover**. **Requiere que el Tooltip sea incluido.**

Popover estático

Cuatro opciones están disponibles: **top, right, bottom**, y alineado la izquierda con **Leith**

Popover top

Sed posuere consectetur est at lobortis. Aenean eu leo quam. Pellentesque ornare sem lacinia quam venenatis vestibulum.

Popover right

Sed posuere consectetur est at lobortis. Aenean eu leo quam. Pellentesque ornare sem lacinia quam venenatis vestibulum.

Popover bottom

Sed posuere consectetur est at lobortis. Aenean eu leo quam. Pellentesque ornare sem lacinia quam venenatis vestibulum.

Popover left

Sed posuere consectetur est at lobortis. Aenean eu leo quam. Pellentesque ornare sem lacinia quam venenatis vestibulum.

Demostración en Vivo

Click to toggle popover

Cuatro Direcciones

Popover on top   Popover on right   Popover on bottom   Popover on left

Ninguna marcación de los **popovers** son generadas en el JavaScript y los contenidos dentro de un atributo **data**

<u>**Uso**</u>

Habilite **popover** vía JavaScript

1. $('#example').popover(opciones)

<u>**Opciones**</u>

Opciones pueden ser pasadas vía atributos fecha o *JavaScript. Para atributos fecha, inserte la opción de nombre fecha-, como en fecha-*animation="".

Nombre	Tipo	patrón	Descripción
animation	boleano	true	aplica una transición de **fade CSS** para el Tooltip
html	boleano	true	Inserta html en el **popover**. Si fuera escogida la opción **false**, el método **jQuery text** será usado para insertar un documento en el DOM. Use el texto si usted está preocupado con los ataque XSS.
placement	string|function	'right'	como posicionar el **popover - top | bottom | left | right**
selector	string	false	Si un selector que está disponible, los objetos del Tooltip serán delegados para los elementos especificados
trigger	string	'clic'	**popover** es disparado - **clic | hover | focus | manual**

Nombre	Tipo	patrón	Descripción
tittle	string | function	"	el valor patrón del título es `title` si el atributo no esté presente
content	string | function	"	el contenido por defecto es `data-content` si el atributo no esté presente
delay	number | object	0	Intervalo para mostrar y ocultar el **popover (ms)** - no se aplica al uso del evento en el modo manual Si un número es suministrado, el **delay** es aplicado en el mostrar/ocultar La estructura del objeto es: *delay: { show: 500, hide: 100 }

Atención! las opciones para popovers individuales pueden ser alternativamente especificados a través de los atributos data

Marcación

Por razones de rendimiento, las APIs de datos del Tooltip y **pop over** son opcionales. Para usarlos simplemente especifique una opción de selector

Métodos

$().popover(opciones)

Inicializa popovers para una colección de elementos

.popover('show')

Muestra un elemento popover

1. $('#element').popover('show')

.popover('hide')

Esconde un elemento popover

1. $('#element').popover('*hide')

.popover('toggle')

Cambia un elemento popover

1. $('#element').popover('toggle')

.popover('destroy')

Oculta y destruye un elemento popover

1. $('#element').popover('*destroy')

Mensajes de alerta. bootstrap-alert.js

<u>Ejemplo de alertas</u>

Añada funcionalidad a todos los mensajes de alerta dentro del plugin

Example

Holy guacamole! Best check yo self, you're not looking too good.   X

Ejemplo de lo que mostramos por pantalla:

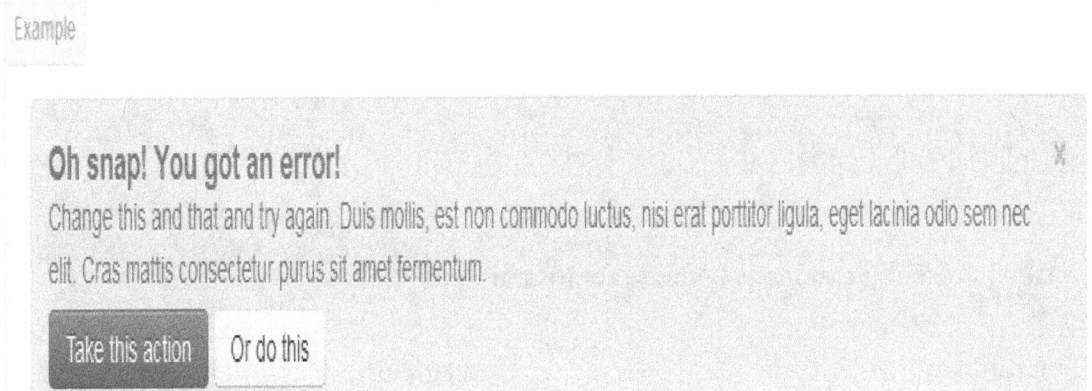

Oh! Usted tiene un error!

Haga esta acción O haga esto

Uso

Habilite el cierre de un alerta vía JavaScript

1. $(".alert").alert()

Marcación

Simplemente añada **data-dismiss="alert"** en su botón de cerrar y esto dará a la alerta la opción de cerrar.

1.   **<a class="close" data-dismiss="alert" href="#">×</a>**

Métodos

$().alert()

Coloque todas las alertas con la funcionalidad de cerrar. Para tener sus alertas animadas cuando cierran, verifique si la clase **.fade** e **.in** que ya fueron aplicado a estos.

.alert('close')

Cierra un alerta

1. $(".alert").alert('close')

Eventos

Las Alertas del bootstrap exponen algunos eventos para modificar su funcionalidad

Evento	Descripción
close	Este evento es disparado inmediatamente cuando el **close** es llamado
closed	Este evento es llamado cuando la alerta fue cerrada (esperará hasta la transición CSS para estar completa)

$('#my-alert').bind('closed', function () {

  // faça algo

})

Botones. bootstrap-button.js

Ejemplos de uso

Para más con botones. El control de estados de los botones para crear grupos de botones para componentes como barra de herramientas

Estancado

Añada un **data-loading-text="Loading..."** para usar un estado de cargando en un botón

Example

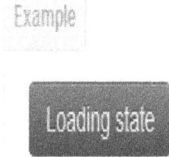

```
<button type="button" class="btn btn-primary" data-loading-
text="Loading...">Estado Cargando</button>
```

Alternador simple

Añada **data-toggle="button"** para activar el alternador en un botón único

```
<button type="button" class="btn" data-toggle="button">Alternador
Simple</button>
```

Checkbox

Añada **data-toggle="buttons-Checkbox"** para el **Checkbox** y alternelo entre un
btn-group

```
<div class="btn-group" data-toggle="buttons-checkbox">
  <button type="button" class="btn">Izquierda</button>
  <button type="button" class="btn">Medio</button>
  <button type="button" class="btn">Derecha</button>
```

</div>

Radio

Añada **data-toggle="buttons-radio"** para el estilo **radio** alternando un **btn-group**

```
<div class="btn-group" data-toggle="buttons-radio">
  <button type="button" class="btn">Izquierda</button>
  <button type="button" class="btn">Medio</button>
  <button type="button" class="btn">Derecha</button>
</div>
```

Uso

Habilitar botones vía JavaScript

1. $('.nav-tabs').button()

Marcación

Los atributos data son integrables para los plugins de botones. Verifique el ejemplo del código de abajo para ver varios tipos de marcados.

Opciones

Ninguno

Métodos

$().button('toggle')

Alternador con estados de apertura. Da al botón la apariencia de que él fue activado

Atención! Usted puede habilitar el alternador de un botón con un atributo **data-toggle**.

1.   <button type="button" class="btn" data-toggle="button" >...</button>

$().button('loading')

Atribuye sus estados de botón para **loading**. Deshabilite los botones y cambie el texto a un texto de cargando. El texto de cargando debe ser definido por el atributo **data-loading-text.**

1.   <button type="button" class="btn" data-loading-text="loading stuff..." >...</button>

Atención! Firefox insiste en dejar con el estado de **loading** en páginas subsequentes. Una solución para esto es decir usar el **autocomplete="off"**.

$().button('reset')

Reiniciar estados de botón, cambia el texto en el texto original

$().button(string)

Reiniciar estados de botón, cambia el texto en cualquier dato definido

<button type="button" class="btn" data-complete-text="finished!" >...</button>

<script>

$('.btn').button('complete')

</script>

Colapsable. bootstrap-collapse.js

Tenga estilos base y de soporte flexible para componentes colapsables como acordeones y navegación

Requiere que el plugin de transición sea incluido

Ejemplo de acordeón

Usando el plugin colapsable, nosotros construimos un widget en el estilo acordeón.

Example

Collapsible Group Item #1

Anim pariatur cliche reprehenderit, enim eiusmod high life accusamus terry richardson ad squid. 3 wolf moon officia aute, non cupidatat skateboard dolor brunch. Food truck quinoa nesciunt laborum eiusmod. Brunch 3 wolf moon tempor, sunt aliqua put a bird on it squid single-origin coffee nulla assumenda shoreditch et. Nihil anim keffiyeh helvetica, craft beer labore wes anderson cred nesciunt sapiente ea proident. Ad vegan excepteur butcher vice lomo. Leggings occaecat craft beer farm-to-table, raw denim aesthetic synth nesciunt you probably haven't heard of them accusamus labore sustainable VHS.

Collapsible Group Item #2

Collapsible Group Item #3

Grupo de Elementos Colapsables #1

Anim pariatur cliche reprehenderit, enim eiusmod high life accusamus terry richardson ad squid. 3 wolf moon officia aute, non cupidatat skateboard dolor brunch. Food truck quinoa nesciunt laborum eiusmod. Brunch 3 wolf moon tempor, sunt aliqua put a bird on it squid single-origin coffee nulla assumenda shoreditch et. Nihil anim keffiyeh helvetica, craft beer labore wes anderson cred nesciunt sapiente ea proident. Ad vegan excepteur butcher vice lomo. Leggings occaecat craft beer farm-to-table, raw denim aesthetic synth nesciunt you probably haven't heard of them accusamus labore sustainable VHS.

Grupo de elementos colapsables #2

iam nonummy nibh euismod tincidunt ut laoreet dolore magna aliquam erat volutpat. Ut wisi enim ad minim veniam, quis nostrud exerci tation ullamcorper suscipit lobortis nisl ut aliquip ex ea commodo consequat. Duis autem vel eum iriure dolor in hendrerit in vulputate velit esse molestie consequat, vel illum dolore eu feugiat nulla facilisis at vero eros et accumsan et iusto odio dignissim qui blandit praesent luptatum zzril delenit augue duis dolore te feugait nulla facilisi. Nam liber tempor cum soluta nobis eleifend option congue nihil imperdiet doming id quod mazim placerat facer possim assum. Typi non habent claritatem insitam; est usus legentis in iis qui facit eorum claritatem. Investigationes demonstraverunt lectores legere me lius quod ii legunt.

Grupo de elementos colapsables #3

iam nonummy nibh euismod tincidunt ut laoreet dolore magna aliquam erat volutpat. Ut wisi enim ad minim veniam, quis nostrud exerci tation ullamcorper suscipit lobortis nisl ut aliquip ex ea commodo consequat. Duis autem vel eum iriure dolor in hendrerit in vulputate velit esse molestie consequat, vel illum dolore eu feugiat nulla facilisis at vero eros et accumsan et iusto odio dignissim qui blandit praesent luptatum zzril delenit augue duis dolore te feugait nulla facilisi. Nam liber tempor cum soluta nobis eleifend option congue nihil imperdiet doming id quod mazim placerat facer possim assum. Typi non habent claritatem insitam; est usus legentis in iis qui facit eorum claritatem. Investigationes demonstraverunt lectores legere me lius quod ii legunt.

```
<button type="button" class="btn btn-danger" data-toggle="collapse"
data-target="#demo">

  um item colapsável simples

</button>


<div id="demo" class="collapse in"> ... </div>
```

Uso

Vía atributos data

Simplemente añada **data-toggle**="collapse" y un **data-target** para que el elemento asuma automáticamente el control de un elemento colapsable. El atributo **data-target** acepta un selector CSS para ser aplicado. Tenga la certeza de añadir la clase **collapse** para un elemento colapsable. Si a usted le gusta venir por patrón abierto, añada la clase **in**

Para añadir una gestión de acordeón en grupo para un control de elementos colapsables, añada los atributos **data fecha-parent="#selector"**. Verifique la demostración para verlo en acción.

Vía Javascript

Habilitar manualmente con:

1. $(".collapse").collapse()

Opciones

Las opciones pueden ser pasadas vía atributos **data** o **JavaScript**. Para atributos data, añada la opción de nombre **data-**, como en **data-parent=""**.

Nombre	Tipo	patrón	Descripción
parent	selector	false	Si un selector es dado entonces todos los elementos colapsable de debajo del padre especificado será cerrado cuando su elemento colapsable es mostrado. (similar al funcionamiento tradicional de un acordeón)
toggle	boleano	true	Alterna todos los elementos colapsables en su invocación

Métodos

.collapse(opciones)

Active su contenido con un elemento colapsable. Acepte un objeto de opciones object

$('#myCollapsible').collapse({

  toggle: false

})

.collapse('toggle')

Alterna todos los elementos colapsables para mostrar u ocultar

.collapse('show')

Muestra un elemento colapsable

.collapse('hide')

Oculta un elemento colapsable

Eventos

El Boostrap collapse expone algunos eventos para extender su funcionalidad

Evento	Descripción
show	Este evento se dispara inmediatamente cuando el método **show** es llamado
shown	Este evento es disparado cuando un elemento colapsable está visible para el usuario (espere hasta que la transición **CSS** esté completa).
hide	Este evento es disparado inmediatamente cuando el método **hide** es llamado

Evento	Descripción
hidden	Este evento es llamado cuando un elemento colapsable quedó escondido para el usuario (Espere hasta que la transición CSS esté completa)

```
$('#myCollapsible').on('hidden', function () {
  // hacemos algo
})
```

Carrusel. bootstrap-carousel.js

Ejemplo del carrusel

El **slideshow** de abajo muestra un plugin genérico y un componente que desliza elementos en ciclo como un carrusel

Primer rótulo de miniatura

First Thumbnail label
Cras justo odio, dapibus ac facilisis in, egestas eget quam. Donec id elit non mi porta gravida at eget metus. Nullam id dolor id nibh ultricies vehicula ut id elit.

```
<div id="myCarousel" class="carousel slide">
  <!-- elementos del carrusel -->
```

```
<div class="carousel-inner">

  <div class="active item">...</div>

  <div class="item">...</div>

  <div class="item">...</div>

</div>

<!-- Navegador del carrusel -->

<a class="carousel-control left" href="#myCarousel" data-
slide="prev">&lsaquo;</a>

<a class="carousel-control right" href="#myCarousel" data-
slide="next">&rsaquo;</a>

</div>
```

Segundo rótulo de miniatura

Second Thumbnail label
Cras justo odio, dapibus ac facilisis in, egestas eget quam. Donec id elit non mi porta gravida at eget metus. Nullam id dolor id nibh ultricies vehicula ut id elit.

Atención! Cuando implemente este carrusel, remueva las imágenes que nosotros ponemos disponibles y coloque la suya

Uso

Vía atributos data

...

Vía Javascript

Llame el carrusel manualmente con:

1. $('.carousel').carousel()

Opciones

Las opciones pueden ser pasadas vía atributos **data** o **JavaScript**. Sean los atributos data, abrimos la opción nombre del **data**, las **in data-interval=""**.

Nombre	Tipo	patrón	Descripción
interval	número	5000	La cantidad de tiempo para un intervalo que automáticamente coloca un elemento en ciclos. Si falso, el carrusel irá automáticamente en ciclo
pause	string	"hover"	Pausa el carrusel en el **mouseenter** y sale en el **mouseleave**

Métodos

.carousel(opciones)

Inicializa el carrusel con unas opciones y comienza a hacer un ciclo entre ellos

$('.carousel').carousel({

interval: 2000

})

.carousel('cycle')

Ciclos a través del elemento del carrusel de la izquierda para la derecha

.carousel('pause')

Pause el carrusel de realizar ciclos a través de elementos

.carousel(number)

Los ciclos del carrusel de un **frame** particular (basado en 0, similar a un **array**)

.carousel('prev')

Ciclo para el elemento anterior

.carousel('next')

Ciclo para el próximo elemento

Eventos

La clase del Boostrap carrusel expone dos eventos para extender su funcionalidad

Evento	Descripción
slide	Este evento es disparado inmediatamente cuando el método de la instancia **slide** es llamado.
slid	Este evento es llamado cuando el carrusel completó su transición de **slide**

Typehead. bootstrap-typeahead.js

Ejemplo

Es un básico, fácil y extensible plugin para rápidamente crear un encabezado elegante para cualquier texto y formulario

```
1.    <input type="text" data-provide="typeahead">
```

<input type="text" data-provide="typeahead">

Uso

Vía atributos data

Añada atributos data para registrar un elemento con una funcionalidade del **typeahead**, como el mostrado en el ejemplo abajo

Vía Javascript

Llame el **typeahead** manualmente con:

```
1.    $('.typeahead').typeahead()
```

Opciones

Las opciones pueden ser pasadas vía atributos data o JavaScript. Sea el atributo data abriendo la opción nombre del **data-**, las **in data-source=""**.

Nombre	Tipo	patrón	Descripción
source	array, function	[ ]	El origen de los datos para verificar. Puede ser un array de strings o una función. La función es pasada con dos argumentos, el valor de la query en el campo de input y el proceso

Nombre	Tipo	patrón	Descripción
			de retorno. La función puede ser usada sincronizando para retornar la fuente de datos directamente o de forma assíncrona vía el **callback process** en un único argumento.
items	número	8	El número máximo de elmentos para mostrar en el **dropdown**
minLength	número	1	La cantidad mínima de caracteres que necesitan ser disparados antes de disparar una sugerencia del **autocomplete**
matcher	function	case insensitive	Es el método usado para determinar si una investigación halla un elemento. Acepta un argumento simple, el elemento contra la sentencia de prueba. Acede a la actual sentencia con **this.query**. Retorne un un boleano true si la sentencia es encontrada
sorter	function	encuentro exacto, case sensitive, case insensitive	Es el método usado para ordenar los resultados del **autocomplete**. Acepta un argumento simple de

Nombre	Tipo	patrón	Descripción
			elementos y tiene el escape de la instancia del **typeahead**. Referenciando la sentencia actual con **this.query**
highlighter	function	destaque todos los patrones encontrados	Es el método usado para destacar los resultados del **automplete**. Acepta un único argumento del elemento que tiene el escape de la instancia del **typeahead**. Debe retornar **html**

Métodos

.typeahead(opciones)

Inicializa un input con un typeahead

Affix. bootstrap-affix.js

Ejemplo

La subnavegación en la izquierda es una demo en vivo del plugin **affix**

Uso

Vía atributos fecha

Para añadir fácilmente un comportamiento de **affix** a cualquier elemento, simplemente añada **data-spy="affix"** para el elemento que usted quiera espiar. Entonces use offsets para definir cuando alternar los elementos entre conectado y desconectado

```
<div data-spy="affix" data-offset-top="200">...</div>
```

Atención! Usted tiene la opción de gestionar la posición de un elemento fijado. Esto se hace estilizando **affix, affix-top,** y **affix-bottom.**

Vía Javascript

Llame al plugin **affix** vía JavaScript

1. $('#navbar').affix()

Métodos

.affix('refresh')

Cuando usa el **affix** en conjunto con añadir o eliminar elementos en el DOM, usted querrá llamar el método **refresh**

```
$('[data-spy="affix"]').each(function () {
  $(this).affix('refresh')
});
```

Opciones

Las opciones pueden ser pasadas vía atributos data o JavaScript. Para atributos data, añada la opción de nombre data, como en data-offset-top="200"

Nombre	Tipo	patrón	Descripción
offset	number	function	object	10	Pixels para dar a un offset de la pantalla cuando está calculando la posición del **scroll**. Si un único número es provisto, el

Nombre	Tipo	patrón	Descripción
			offset será aplicado en ambas direcciones top e izquierda. Para listar elementos en una única dirección, o con múltiples efectos de offset únicos, simplemente use un objeto **offset: { x: 10 }**. Use una función cuando usted necesite dinámicamente proveer un **offset** (útil para diseño sensitivo).

Bibliografía

Para la creación de esta obra se han consultado y contrado la información en las siguientes fuentes:

Libros:

Javascript and Responsive Web Design, de *Google Developers*

Bootstrap. Responsive Web Desing, de *Jake Spurlock*

An Introduction to the Bootstrap, de *Bradly Efron y Robert Tibshirani.*

Páginas Web:

http://www.wikipedia.org

http://twitter.github.io/bootstrap/index.html

Acerca del Autor

Miguel A. Arias

Miguel A. Arias es un consultor experimentado en el área informática. Con 13 años de experiencia en el sector, a sus 33 años ha ocupado puestos tales como consultor de software ERP, administrador de sistemas de una importante multinacional de automoción, responsable en el desarrollo web y publicidad en una empresa de formación elearning y actualmente consultor tecnológico para empresas y e-docente en el área de desarrollo web y publicidad y marketing online.

Desde hace 2 años Miguel A. Arias después de haber publicado varios cursos de informática y haber creado varios cursos sobre tecnología en formato digital para plataformas elearning, Miguel, comienza su andadura en el mundo editorial, con la esperanza de llevar el conocimiento y la formación sobre las nuevas tecnologías al mayor público posible.